汤显祖的岭南行

及其如何影响了《牡丹亭》

周松芳◎著

南方日報出版社
NANFANG DAILY PRESS
中国·广州

汤显祖岭南行踪

万历十九年（1591 年）

徐闻海边。汤显祖在徐闻，常享“泛海之乐”。

● 汤显祖在徐闻创建的贵生书院，至今犹存。

目录

序一

□黄天骥

今年，我国人民隆重纪念明代伟大戏剧家汤显祖逝世四百周年，周松芳博士利用业余时间，写成了《汤显祖的岭南行——及其如何影响了〈牡丹亭〉》的专著，索序于余。近日虽然事冗，也欣然领命。

自从《临川梦》亦即《牡丹亭》问世以来，这一部“几令《西厢》减价”的剧作，便引起极大的反响。到解放后，学术界一致肯定《牡丹亭》的价值，研究汤显祖的论著也多如汗牛充栋。特别是在十年前，白先勇先生主持推出青春版《牡丹亭》，两岸戏剧家携手合作，在全国各大城市和在西方多处地方演出，世界艺坛，一时震惊。人们才知道在与莎士比亚同一时代，古老的中国剧坛，也产生了具有惊人的艺术魅力的作品。

老实说，近百年来，东方的观众，早就熟悉莎士比亚了。倒是在西方，近年来才逐渐晓得东方也有如莎士比亚那样、矗立在剧坛巅峰的汤显祖。而当西方的观众一旦认识了汤显祖，景仰之情，油然而生。他们认识到“《牡丹亭》时而抒情，时而哲理，时而荒诞，时而逗乐，把情感和幽默交织在一起，是理解中国文化和中国戏剧传统的一个重要切入点”。到 2008 年，美国文艺评论家丹尼尔·S.伯特在纽约资料档案出版公司出版的《100 部剧本：世界最著名剧本排行榜》中，《牡丹亭》列于第32位，而且是中国唯一入选的剧本。

西方世界对汤显祖的认知，进一步促进了我国学术界对汤显祖的研究，也取得了许多有价值的成果。不过，从来没有人专门全面探讨过汤显祖《牡丹亭》的创作与他在岭南一段经历的密切关系。就这一点而言，松芳的论著，实有首创的意义。

记得多年前，白先勇先生率领昆剧团，到中山大学演出青春版《牡丹亭》，受到观众热烈的欢迎，反响极其强烈。演出后，南方日报社还专门邀请了好几位评论家一起座谈。我对白先生说，青春版《牡丹亭》到广州和中山大学演出，真是来对了，让这部戏回老家了，而且有特别的意义。当时，白先生眨了眨眼，似乎对我"语出惊人"有些不解。我接着说，君不见，柳梦梅不就是广州人吗？他是我们的老乡。而且，他还专门到过珠海参观"国际交易会"，谋取出路；这也和中大师生要到珠海校区上课，奔忙于广州、珠海两地，颇为相似。所以中大师生对《牡丹亭》，特别亲切。白先生听了我的"插科打诨"，拊掌大笑。

其实，我这番话，也并非胡说，后来我在《文学遗产》等刊物发表的论文中，好几次论述了柳梦梅的形象具有岭南人的性格特色。不过，我没有研究过汤显祖入粤的整个历程，没有思考过《牡丹亭》中的许多细节和作者在粤生活的情况有密切的联系；特别是没有深入考虑到他在徐闻建立贵生书院这一段经历，对后来《牡丹亭》创作的重要影响。现在，松芳通过对资料的仔细爬梳、论证，比较详尽地研究汤显祖在广东的经历和心态，为时下逐渐形成的"汤学"，作出了贡献。

我认为，松芳选择这论题的本身，就是研究这位具有世界声誉的伟大剧作家的新亮点。还值得注意的是，汤显祖虽然出生在江西，但他在岭南生活的一段特殊经历，包括他受到的岭南文化的影响，并未受到学术界充分的注意。松芳特别挑出这一论题，作出翔实的考述，这也从一个侧面阐示：即使远在明代，开放较早的岭南文化，也已从不同渠道、方式，发挥过积极的影响，为多彩多姿的中华文化作出了贡献。

在上世纪末，松芳在中山大学中文系获得硕士学位。到2000年，他一边工作，一边随我攻读博士学位。记得在攻博阶段中，松芳十分勤奋、十分刻苦，而在和师友的交流切磋中，他在学风、文风方面，也有了长足的进展。经过四年的努力，写成了《自负一代文宗——刘基研究》的论文，连同《刘基年谱》《刘基交游考论》《刘基诗文辑佚》等附录篇章，全文计三十余万字。当年在博士论文答辩时，评委一致评为“优秀”。其实，按论文的水平，当即可结集出版。但松芳力求尽善尽美，精益求精，潜下心来，吸取各方意见，又经过一年的修改，才完成整部书稿。在2005年，即被选入“2005年广东优秀哲学社会科学著作出版基金资助项目”《岭南博士文库》，由广东人民出版社出版。出版以来，《刘基研究》便广受学术界的关注。可以说，这是当年研究明代政治家、文学家刘基至为完备的著述。其后，松芳又在学术刊物上发表多篇有关刘基等元末明初作家的论文，逐渐成为研究刘基以及明代早期文学、思想的专家。

近几年，松芳又利用业余和养病的时间，搜集了大量有关近现代岭南饮食、服饰的资料，常在报刊上开设专栏。文章内容翔实，短小精悍。既不影响其本职工作，又让广大群众增进了认识岭南文化的知识。即使像我这样的老广州人，读来也觉趣味盎然，大有裨益。后来松芳把文章结集出版，受到读者的欢迎。对学界而言，大家都为广东又出现了一位文化学者而高兴。

现在，松芳在全国隆重纪念汤显祖逝世四百周年的时刻，写出《汤显祖的岭南行——及其如何影响了〈牡丹亭〉》一书。我知道，如果不是他早年对明代思想史与文学史有过深刻的认识，如果不是他近年一直关注岭南文化的问题，就不可能写出这部既有学术深度、又有助于弘扬岭南文化的论著。它让学界特别是戏剧界通过汤显祖的岭南行，进一步了解岭南文化对中华文化的贡献。所以，我认为松芳这部专著，论题虽然不大，意义却不可忽视。

近年社会风气比较浮躁，像松芳这样在工作之余，潜心向学，在学海浮游中找到生活的乐趣，并且取得了可喜的成绩者，实不多见。像研究汤显祖的岭南行和《牡丹亭》创作的关系，需要大量爬梳文献资料和缜密的思考，想必也耗费了他大量的业余时间和精力。我一方面为松芳能够继承中大人严谨沉潜而又视野宽广的学风感到庆幸，一方面也常提醒他要注意劳逸结合。“身体是革命的本钱”，这句话永远是真理。

弘扬中华文化，需要有更多的有心人，长期努力地工作。学者成长的道路也千差万别，但只要怀着热爱中华文化和敬畏学术的精神，就可以为祖国学坛作出贡献。在《汤显祖的岭南行——及其如何影响了〈牡丹亭〉》付梓之际，谨向松芳再三致意。

2016年4月27日，于中山大学中文堂

（作者系中山大学中文系教授、博导，中国古代戏曲学会会长）

序二

□曾莹

汤显祖在《王季重小题文字序》中写道：

> 大致天之生才，虽不能众，亦不独绝。至为文词，有成有不成者三。儿时多慧，才识书名，父师迷之以传注括帖，不得见古人纵横浩渺之书。一食其尘，不复可鲜。一也。乃幸为诸生，困未敏达，蹭蹬出没于校试之场。久之，气色渐落，何暇议尺幅之外哉。二也。人虽有才，亦视其所生。生于隐屏，山川人物居室游御鸿显高壮幽奇怪侠之事，未有睹焉。神明无所练濯，胸腹无所厌余。耳目既吝，手足必蹇。三也。凡此三者，皆能使人才力不已焉。才力顿尽，而可为悲伤者，往往如是也。

依此而论，则汤氏遭贬徐闻，虽为其仕宦途中之一大厄，却不失为其文学生涯之一大幸也。由临川而至徐闻，汤显祖岭南行的具体展开，无疑就是对其眼界襟抱的一次宕开——经历了各色新异的山川人物居室游御鸿显高壮幽奇怪侠之事，胸腹得以充裕，神明有所练濯，才力亦因此而致不已。

具体的，汤显祖作于贬谪徐闻道中的诗歌，就一改此前诗作未能神来情来、率意率笔层出不穷之弊，反是佳篇迭见。某种程度上，这也堪称是“江山之助”的典型例子。比如，即将正式踏上岭南地界，汤显祖所作《秋发庾岭》一诗，有“岭色随行棹，江光满客衣”一联，就写得情味深长。待到行进在岭南独特的山光水色中，又有：

九里

九里十三坡，沉沉烟翠多。钓台何用筑，吾自泛清波。

曲江

古驿芙蓉外，烟林晴欲开。曲江秋色晚，木末几徘徊。

峡山上七里白泡潭，为易名绀花

树光吹峡雨，苔色动江霞。泡影非全白，沾衣作绀花。

很显然，无论就所写景致，还是具体笔触而言，汤显祖作于岭南道中的这些篇什，与以往相比，有着焕然一新的面目——一改往常神情容色的局促踬顿，转而呈现出清新恬淡、自然疏朗、隽永悠长。

更有甚者，在离开广东之后，汤氏的诗文、戏曲诸作仍然不废关于岭南的种种咏叹。以《牡丹亭》一剧为例，岭南的痕迹可谓比比皆是。比如，汤显祖笔下的男主人公柳梦梅，就是一位岭南籍的才子。这一“寒儒偏喜住炎方”的特殊设定，便很是耐人寻味。剧中《谒遇》一出，“香山岙里巴”的相关铺排，又把汤显祖岭南行见中的幽奇怪侠之事纳入到剧本文词当中，增添了许多新异的色彩。至于“天下人古怪，不像岭南人”这类科诨的穿插，则是从另一个侧面让我们看到了岭南一地对汤显祖复杂而深刻的影响。

可见，岭南行对于汤显祖来说，其意义非凡自不待言。然而，关于汤显祖岭南行的研究，却甚少系统深入的著述面世。这中间，包括汤显祖岭南行涉及的具体路线、过访的地方名胜、交往的各色人等、见识的新奇风物，以及具体诗作的一个先后顺序，都仍然存有不少语焉不详、时见淆乱的所在。至于把岭南行与临川梦联系起来考量，意在揭橥汤显祖岭南情结的丰富内涵，岭南文化对其文学创作具体影响的专著更是未得一见。基于此，周松芳师兄的这部新著——《汤显祖的岭南行——及其如何影响了〈牡丹亭〉》（以下简称周书）便具有了廓清烟岚、弥补缺憾的意义；而该书在 2016 这样一个特殊年份问世，实不啻为岭南与汤显祖之间因缘在这一世代的全新书写与延续。

值得注意的是，周书在论及汤显祖岭南行时，开篇即提到了所谓“岭南夙缘”的问题。广州自建城以来，长期处在对外开放之中，商业贸易足称繁华。特别在海禁森严的明代，广州更是获得了“一口通商”的特殊地位。“走广”，遂成行商人士之日常；广货，也成为外倾内销的重要商品。江西一地，凭借自身的地缘优势，成为了“走广”路上当然的通道和桥梁；“走广”最勤者，也非江西人莫属。在这样一个大背景下，江西人汤显祖之谪宦徐闻，也就与前代之贬官岭南有了略异的色彩——此时，岭南一地，其边远固然，然其蛮荒瘴疠的特性却被商贸的繁荣所取代；远谪虽难免黯然神伤，却不复万死投荒的怆然悲苦，新异与开放所带来的冲击毋庸多言。要之，“岭南夙缘”的相关阐发，不但显露了作者视域之深广，也在明确汤显祖岭南行所具时代底色的同时，令观者能够更好地体味个中心境的特性与迁延。

而周书关于汤显祖岭南行程的考述，可谓作者用力颇多的部分。首先，作者根据明人黄汴《一统路程图记》，明确了汤显祖由江西入粤的具体路线。据此，订正了汤氏诗歌中的一些地名误记，同时也对徐朔方先生在行程排序上的一些颠倒做出了修订。如金匙滩—新妇滩—转风滩之间客观存在的先后顺序，就使得诗作之间的先后关系一目了然。而循着具体线路来阅读汤氏所作，则山间岭南景致的变化顿然生动鲜活，汤显祖足迹所至也清晰可辨。翻庾岭至清远，短短数百里十来日行程，作诗三十余首，其于岭南山水的那份醉心无需多言。其次，作者就汤显祖在广州及广州附近的流连加以考论，展现了客商云集、触目繁华的广州给汤显祖造成的冲击。接下来，罗浮朝圣与迂道访澳两节，又让我们看到了汤显祖思想构成上多元的特性。既有对于道教的好尚，也有对于儒家特别是心学一脉的尊奉，还有对于商业文明，尤其是海外贸易的艳羡与向往。这些考述的段落，对于学界此前的相关研究，俱有不同程度的补充与厘清。

写及汤显祖徐闻岁月，周书所论，亦有不少过人之处。一个，是突出了所谓“泛海之乐”。这是极富地域色彩的游赏活动，亦彰显出作为贬谪之人，汤显祖特有的宽徐与浑沦顺适。另一个，则是立足《海上杂咏二十首》，就汤显祖对于炎方人情物态之好尚加以阐发。特别是槟榔一种，不但诗中屡见，甚至还写入到《牡丹亭》剧中。周书指出，汤氏在“多年以后，忆及槟榔，简直比得上苏东坡的荔枝”——“自然琼树不妨琼，能使炎风海外清。但得槟榔一千口，与君相对卧红笙”。如此微贱之物，尚念念至斯，则岭南种种对于汤显祖情感上的影响及牵系可知。

至于“《牡丹亭》与岭南情”一章，最精彩的笔墨，在于梅花与罗浮之间的关联。作者一方面指出汤显祖岭南行所作诗篇，多涉梅花意象；甚至在其离开广东之后，语及岭南，亦多见梅花。另外，罗浮祁衍曾为汤氏至交，在与其相关的诗咏中，更是罗浮与梅花并举。身为岭南才子的柳梦梅，其姓名便昭揭出该人物形象与岭南之间存在的渊源，他与祁衍曾等人的重叠部分也不难分辨。而杜丽娘于《惊梦》一出，上场即道：“晓来望断梅关，宿妆残。”是以，《牡丹亭》中用“梅”这一意象所构建的相思一片，也不乏剧作者本人岭南情缘的焕映与呈现。

当然，周书在论及汤显祖与海南之因缘时，太过强调“耳闻”特质，而否定“实至”可能，论说时略显理据不足，不无失于武断的嫌疑。但其对于汤诗中涉及海南篇章的一番梳理，却也令人看到汤氏对于海南风物的那份不隔膜。像“遥忆烟萝摆月时”“槟榔寒落冻鱼飞”“半月东流半月西”这类，便都是描写海南极有风味、同时也真切非常的诗句。

最后，松芳师兄新著付梓在即，命我作序，百般推辞不果，唯有勉力为之。行文至此，忽然思及汤显祖《与康日颖》当中的这么一段文字：

> 苏有妪卖水磨扇者，磨一月，直可两，半月者八百钱。工力贵贱可知。吾乡文字，近不能与天下争价者，一两日水磨耳。

沈际飞评此，有“学者不可不知”之语。可以说，周书，或仍有缺漏，或尚有可商，然所胜者，正在其断非“一两日水磨”耳。特录兹语，与师兄共勉。

2016 年 4 月，写于首夏清和中

（作者系学者，中山大学古代文学博士）

引子

2016 年是明代伟大的戏剧家汤显祖逝世四百周年，也是英国伟大的戏剧家莎士比亚逝世四百周年，有关方面提出要举行汤莎对话，并称这将是空前的盛会。其实，同一年逝世的，还有西班牙的大文豪、撰写《堂吉诃德》的塞万提斯。为此，联合国教科文组织将组织相关纪念活动。可以说汤显祖再一次借由外国或外国人而为国际瞩目，因为最先汤莎并提的，乃是日本人青木正儿。他在 1916 年出版的《中国近世戏曲史》中，在介绍了汤显祖的生平后感慨道："显祖之诞生，先于英国莎士比亚十四年，后莎士比亚之逝世一年而卒（莎翁西纪一五六四——一六一六，显祖西纪一五五〇——一六一七），东西曲坛伟人，同出其时，亦奇也。"[1]

在这种背景和氛围之下，徐闻籍著名诗人黄礼孩先生邀请笔者和知名出版人谭庭浩先生，于 2015 年年底前往徐闻实地考察，瞻仰凭吊，希望笔者能在《汤显祖岭南行实考辨——兼论柳梦梅形象的塑造》[2] 基础上，写作出版一本研究汤显祖与岭南的关系及其影

[1] ［日］青木正儿《中国近世戏曲史》，北京：作家出版社1958年，第230页。按，汤显祖的卒年，青木氏有误。

[2] 《戏曲研究》2015年第95辑，北京：文化艺术出版社2015年，第179—196页。

响的著作，以致敬意。

早在 2015 年 9 月 25 日，曾荣获普利策诗歌奖也曾是美国最年轻的桂冠诗人的丽夫塔夫，在领取了第十届“诗歌与人•国际诗歌奖”后，在黄礼孩先生陪同下，前往徐闻贵生书院拜谒汤显祖像并敬献鲜花。这一经典场面，被媒体形容为“迟到了四百年的鲜花”。

在徐闻的日子里，我们深深体味到了田汉先生所谓“百代徐闻感义仍”的动人情怀。在拜祭凭吊之余，我们寻访了三墩古港，遥想当年“汉置左右侯官在徐闻县南七里，积货物于此，备其所求，与交易有利，故谚曰：‘欲拔贫，诣徐闻。’”[1] 不远处即汉徐闻城遗址，眺望之间，张伯驹《素月楼联语》中的一段佳话浮现脑际：“雷州徐闻县，其始筑城，逼近海堧，每潮汛汹涌，闻者震恐。后移筑县城，居民喜曰：‘海边潮至，庶徐徐而闻乎。’因改名徐闻县。方橡枰曰：可取对‘陌上花开，可缓缓归矣’。极佳。”[2] 又访沓磊古港，当年汤显祖初抵徐闻，即由此泛海游览，并诗兴大发。如今此地，已更名杏磊湾，迁为度假之地，驻足遥望，对岸城市海口，晴日历历，阴日隐隐，俱可见之；此地特设的游览直升机，八分钟即可飞抵。念及此，汤显祖当年泛海吟咏的诗篇，不由脱口而出，萦回脑际，思绪飞越到 1591 年前后，欲随汤显祖，走一个岭南来回。

怀想思索之中，我也深深感觉到对汤显祖及其作品研究的不足，后学小子，诚有愧焉。

汤显祖是明代的伟大作家，诗文甚富，更擅戏剧，代表作有“临川四梦”——《紫钗记》《牡丹亭》《邯郸梦》《南柯记》，特别是“《牡丹亭》一出，家传户诵，几令《西厢》减价……才情自足不朽”[3]。

---

[1] ［宋］王象之《舆地纪胜》卷一百十八引《元和郡县志》，清影宋钞本。

[2] 张伯驹《素月楼联语》，北京：华文出版社2012年，第180页。

[3] ［明］沈德符《万历野获编》卷二五《词曲》，北京：文化艺术出版社1998年，第687页。

青木正儿更是认为后无来者：“《琵琶记》以后，无此大手笔，固不许他人追踪也。”[1]但是，在中国的传统思想和文学观念中，曲为小道，对汤显祖及其戏曲的研究，至今仍显得相对薄弱，与国外对莎士比亚甚至塞万提斯及其作品的研究相比，真是不可同日而语，即使国内研究莎士比亚及其作品的力量，也未必见弱。

比如说，汤显祖贬谪岭南，乃是其人生中最重要和影响最深远的事件之一。他家庭出身比较富裕，举业上也没有受太大挫折，出仕以来，委身陪都南京清署，吟诗编剧，颇为优游。忽然贬窜炎方，无异晴天霹雳，是他人生中最深刻的记忆和最重要的转折，而且在北归后乃至弃官家居的晚年岁月中，仍对岭南的风物和人事念念不置，还分别代当局和士绅拟了两篇“指点江山”之文——《为士大夫喻东粤守令文》和《为守令喻东粤士大夫子弟文》。但是，对于汤显祖的岭南行程和徐闻岁月，学术界至今仍尚未了了。比如，他的行经路线、诗文系年系时，仍有不少存疑之处，尤其是他任徐闻典史到底多久，更是莫衷一是：有说一两个月的，有说半年的，有说一年的，有的则说任满了三年甚至更长的，不一而足。这势必影响到对其整个生平思想的判断和把握，进而对其诗文与戏曲的分析理解出现偏差。

最重要的也最关键的是，为什么他在话本小说《杜丽娘慕色还魂》等的基础上创作《牡丹亭》时，把故事的发生地从广东南雄移到了江西南安，同时，知府衙内柳梦梅却被乾坤大挪移，塑造成了一个典型的岭南才子形象，其中还分明可以看到他的岭南知交故旧甚至己身己志的投影。个中缘由，实在引人深思，值得认真探讨。故在2016年这个难得的“汤显祖年”里，笔者不愿意凑各种热闹，只想着把汤显祖岭南行及其与“临川梦”的关系，作为时人所谓的“汤

[1]［日］青木正儿《中国近世戏曲史》，北京：作家出版社1958年，第242页。

学”的一项基础工程，把它做好。特别是柳梦梅这个岭南才子形象，自从黄天骥师在《〈牡丹亭〉创作的几个问题》中提出来后[1]，除了《文史知识》迅速摘述[2]之外，尚缺乏更深入更丰富的论证。今年也恰逢天骥师从教六十周年，弟子不揣谫陋，敢有撰述，也算聊致敬意吧。

[1] 《文学遗产》2007年第1期，第99—107页。

[2] 《文史知识》2007年第3期，第126页。摘述曰：“柳梦梅是戏曲史上少有的大胆、务实、灵活的‘岭南才子形象’。”

第一章

岭南夙缘

第一节　孰料谪岭南

明世宗嘉靖二十九年八月十四日卯时（公元 1550 年 9 月 24 日凌晨 5 时许），汤显祖出生于江西抚州府临川县（附廓县）文昌里一个富裕的书香之家，不仅从他的高祖到他的父亲，四世皆是秀才，而且积累下四万卷藏书。因为崇文，汤氏高度重视家塾教育。他的第一位老师即是理学名臣徐纪之子、进士出身、曾任吏科给事中的徐良傅（1506—1565），徐是因为得罪首相夏言才被革职为民，课徒为生的。汤显祖在他身后作了一篇《徐子弼先生传》，对他的家世、学问、事功与人品，都表达了由衷的敬意，赞曰："乡有人焉，亦足征一代之文。乃日就月将，情深而文明，更谁得而窥其际哉！进足以兴，退足以容，惟公有焉。"[1]

汤显祖在六岁的时候，倭寇内侵南京、芜湖等地，朝廷震动，

[1] 徐朔方《汤显祖集全编》诗文卷五一，上海：上海古籍出版社2015年，第2147页。

征兵抗倭，却不料到他十一岁时，被征发抗倭的两广民兵在福建闽清起事，进军江西，抚州邻县失陷，知府闭城而守，汤显祖全家外逃，直到次年秋天始事平还家。汤显祖为此作了一首《乱后（有序）》曰：

杉关贼大入，破下县，连数千里，守令闭城束手。临川十万户，八九逃散，历二秋而定。归来扫葺旧室，四望萧条。鄙人终星耳，遭此不禁仰忆。横流之世，何云可淑。

地雁与天狗，今年岁辛酉。
大火蚩尤旗，往往南天有。
海曲自关阻，越骆生戎首。
下邑无城郭，掩至安从守？
转略数千里，一朝万余口。
太守塞空城，城中人出走。
宁言妻失夫，坐叹儿捐母。
忆我去家时，余粱尚栖亩。
居然饱盗贼，今归乱离后。
亲邻稍相问，白日愁庐牖。
太尊犹可禁，阿翁遂成叟。
死别真可惜，生全复杯酒。
曰余才稚齿，圣御婴戎丑。
况复流离人，世故遭阳九[1]。

这是汤显祖存世的最早的诗作，在十一岁这个年龄，堪称巨作

[1] 徐朔方《汤显祖集全编》诗文卷一，上海：上海古籍出版社2015年，第97页。

了。这不仅见出其天分之高，也见出其为学渊源的深厚[1]。

在汤显祖十四岁考取县学生员那一年，适逢也是进士出身、时任刑部郎中的罗汝芳（1515—1588）告假回籍省亲，也立即被汤家延聘到家塾为子弟讲课。同年，罗汝芳出任宁国知府，但两年之后即回到家乡南城从姑山设立前峰书屋讲学授道，汤显祖即往从游；同学的帅机、饶仑、周献臣、曾如海和谢廷谅、谢廷赞兄弟后来俱成进士。罗汝芳是王学左派巨子，对汤显祖影响极为深远："予童子时，从明德夫子游，或穆然而咨嗟，或熏然而与言，或歌诗或鼓琴，予天机泠如也。"[2]潜在的更深影响恐怕还在于罗汝芳及其同道的身教。比如说赵贞吉因为得罪权相严嵩，远谪广西，颜钧奋不顾身陪同前往；徐樾被害于云南，他又间关万里收其骸骨。如此唱反调的豪侠义举，必不见容于当道，颜钧被逮系狱。这时，罗汝芳慷慨出手，毁家相救，终使其免于一死。这种阳明心学的实践范例，不可能不激荡年仅十九岁的血气方刚的汤显祖的心胸。所以，汤显祖南贬徐闻途中，仍不忘前往从姑山凭吊拜别罗汝芳。

隆庆四年（1570 年），汤显祖参加江西秋试，顺利取中第八名举人。他的心气，也通个这个考试而充分激发出来：

童子诸生中，俊气万人一。
弱冠精华开，上路风云出。
留名佳丽城，希心游侠窟。
历落在世事，慷慨趋王术。
神州虽大局，数着亦可毕。

[1] 徐朔方《汤显祖评传》，南京：南京大学出版社1993年，第8—9页。
[2] 徐朔方《汤显祖集全编》诗文卷三十，上海：上海古籍出版社2015年，第1479页。

了此足高谢，别有烟霞质[1]。

但在后来的进士考试中，汤显祖却屡遭挫折。先是，因不愿与同学沈懋学一道干谒权相张居正，且不愿成为其子张嗣修的陪衬，这一榜，沈氏高中状元，张氏也擢为榜眼，自己却名落孙山。下第回家之后，汤显祖写了一篇《广意赋》以抒愤懑。赋中说他在长途旅行之前，梦见海神，海神出示奇珍异宝，然后占卜者应召而来，预告他前程不吉。海若原名虽出自《庄子•秋水》，但他所描写的海神，实际上出自传为苏轼所作的《仇池笔记》中的南海广利神王，并借笔记中的“鳖相公”，隐射张居正[2]。这是一种自我宽解，也是一种气节坚守。从此他便以海若为号。后来在南贬途中，他特意去了一趟广州南海神庙，与此不无渊源。

汤显祖的挫折，固乃正直的性格使然，从某种意义上说，也是盛名所累，是因为才名早已盛传于外，他才会被张居正相中。此后不久，万历三年（1575年），他的第一本诗集《红泉逸草》即已出版；万历四年，他又结集了第二本诗集《雍藻》，可惜已佚；万历八年，他又结集了第三本诗集《问棘邮草》。与此同时，他也开始试作《紫箫记》传奇[3]。

直到张居正去世后的第二年，即万历十一年，三十四岁的汤显祖才考中进士；同年有首相张四维之子张甲征和辅相申时行之子申用懋。他们的父辈均有意结纳，但汤显祖却宁愿避往副都南京做了个冷门的太常博士。但他职闲心不闲，每与“气义之士”交游，指点江山，裁量执政，至于自认“蹈厉靡衍，几失其性”。万历十四

---

[1] ［明］汤显祖《三十七》，徐朔方《汤显祖集全编》诗文卷八，上海：上海古籍出版社2015年，第409页。

[2] 参见徐朔方《汤显祖评传》，南京：南京大学出版社1993年，第23—24页。

[3] 参见徐朔方《汤显祖评传》，南京：南京大学出版社1993年，第18、25、33页。

年夏，他的老师罗汝芳来南京讲学时，也质问他："子与天下士日泮涣悲歌，意何为者？究竟于性命何如？何时可了？"[1]当道苟且之士则目之为"狂奴"[2]。因此他遭到进一步冷落，万历十五年任满后被改授南京詹事府主簿——詹事府职司辅导太子，但太子在北京——而且是以正七品衔履从七品职，可谓更轻也更闲了。

在轻闲之中，汤显祖与僚属文友，谈诗论文，批评以李攀龙、王世贞为首的后七子的复古主义文风，成为以趣味和性灵见长的公安派的前驱。当然更属意与戏曲作家的交流，在《紫箫记》的基础上，创作了艺术才华日益成熟的《紫钗记》，开启了"临川四梦"经典戏剧时代，成为传世巨著《牡丹亭》的先声[3]。

职务越来越轻闲的汤显祖，在寄情文学的同时，并没有忘怀政治，而且对朝政的批评越来越重。万历十六年三月，江南一带因去年的水灾而出现大饥荒，引起米价腾贵，随后疫病流行，不可收拾。汤显祖作了一首《疫》的长诗，笔锋竟然指向了皇帝："君王坐终北，遍土分神溜。何惜饮余人，得沾香气寿。"[4]另一首《内弟吴继文诉家口绝谷有叹》，更坐实指摘起万历皇帝来："未赐江南租，久读山东诏。秋毫自帝力，害气吾人召。汝等牛一毛，生死负犁铫。"[5]因为八月时皇帝经昌平天寿山视察自己的陵墓，一次就挥霍银两二十万，但对江南的灾情却无动于衷[6]。

万历十七年，汤显祖在年将四十时，熬出了一点头，升任正六

[1] [明] 汤显祖《秀才说》，徐朔方《汤显祖集全编》诗文卷三七，上海：上海古籍出版社2015年，第1647页。

[2] [明] 邹元标《邹忠介公全集》卷四《汤义谪朝阳尉序》，转引自徐朔方《汤显祖评传》，南京：南京大学出版社1993年，第51页。

[3] 参见徐朔方《汤显祖评传》，南京：南京大学出版社1993年，第54—69页。

[4] 徐朔方《汤显祖集全编》诗文卷八，上海：上海古籍出版社2015年，第436页。

[5] 徐朔方《汤显祖集全编》诗文卷八，上海：上海古籍出版社2015年，第439页。

[6] 参见徐朔方《汤显祖评传》，南京：南京大学出版社1993年，第53页。

品的南京礼部祠祭司主事。但国事却日益陷于灾荒和兵祸。继山西、陕西、河南及南直隶、浙江等省遭遇了连续两年的灾荒之后，南直隶和浙江再遭夏旱。万历十八年六七月间，蒙古部落又相继进犯洮州（今青海西宁）、河州（今甘肃临夏），震惊朝野。但首辅申时行等意在息事宁人，继续羁縻求和，并将上疏揭发其欺君误国的汤显祖同乡、山西道御史万国钦降级为剑州判官。汤显祖获悉后立即写信声援，他的另一位同乡好友、国子监司业刘应秋等则直接上疏斥责申时行。这可视为次年汤显祖亲自上疏的前奏；这场战事也被隐括入后来的《牡丹亭》中[1]。

终于，在万历十九年，因为三月二十日彗星现西北，皇帝以天象示警，敕令群臣修德反省，又令六科十三道言官尽职进言。汤显祖天真地以为皇帝要发愤图强励精图治了，遂上奏了一道《论辅臣科臣疏》，以万国钦及另一位因上疏揭发张居正时代科场弊案被贬的同乡好友丁此吕为例，指出科臣言官之不言，不敢言，是因为首辅申时行的专权，屡遭贬责；反之，那些依附申时行的科臣，纳贿渎职，却往往跳官加禄，如不理荒政的户科给事中杨文举之升吏科都给事（首席监察官）、兵科给事中胡汝宁之升礼科都给事等，均是案例。疏最后以直斥前后两大首辅作结："前十年之政，张居正刚而有欲，以群私人嚣然坏之；后十年之政，时行柔而有欲，又以群私人靡然坏之。"[2]

这么猛烈的"炮火"，不仅震动朝野，也让双方都下不了台；作为"平衡"的结果，先是四月二十五日皇帝下诏切责汤显祖，旋又于五月三日下诏指斥汤显祖"假借国事，攻击元辅"，以劝申时

[1] 参见徐朔方《汤显祖评传》，南京：南京大学出版社1993年，第69—71页。

[2] 徐朔方《汤显祖集全编》诗文卷四三，上海：上海古籍出版社2015年，第1705页。"时行柔而有欲"句，[明]吴亮《万历疏钞》卷四作"申时行柔而有欲"，明万历三十七年刻本。

行复行视政，继则于五月十六日贬汤显祖为徐闻典史（添注）。被汤显祖攻击的一方，杨文举稍后即于六月被迫告病回籍，八月更降为边杂职；武英殿大学士王锡爵在一个月之后被迫以归省之名回家；九月，申时行和建极殿大学士许国也相继辞职。汤显祖可谓既是“受害者”，也是“搅局者”[1]，同时也是“成功者”——赢得了令名。如梅鼎祚在汤显祖贬途中所寄慰问函《与汤义仍》说：“仁兄去职言事，使具臣泥首自窜，贪夫濡尾不前，群浮之徒聿役如鬼，不可谓不效矣！”[2]

所以，对于被贬，他并不如何悲凄介怀。

[1] 参见徐朔方《汤显祖评传》，南京：南京大学出版社1993年，第73—75页。

[2] ［明］梅鼎祚《鹿裘石室集》卷五十七，明天启三年玄白堂刻本。

第二节　走广风潮连赣粤

汤显祖对被贬徐闻，即便不至悲凄介怀，毕竟还是重要的打击和挫折。但这不幸之中，犹有可安慰的地方，那就是他与岭南，颇有夙缘，更有情缘。

汤显祖的故乡抚州府城位于崇仁水和汝水的汇合处，因两面近水，故又名临川。汝水虽系赣江支流，但水深江阔，航运便利，北经鄱阳湖、长江可直通南京，向南辗转可抵广州。在海禁屡起的明代，因为一直保持开放，广州大得外贸之利，四方商贾辐辏，“走广”成为时谚。从宽泛的意义上讲，临川正处在从南京到广州这条最重要的“走广”路线上；在四十一岁那年，汤显祖被贬徐闻，也可谓“走广”了一回。由于“走广”关系到汤显祖后来的岭南之行尤其是澳门之行，也影响到其交游，如后来我们会考述到的他与粤商钟宗望的交往等，所以，走广与广货，既是江西与岭南的一种地理上的夙缘，也是汤显祖与岭南的一种夙缘。

广州自建城以来，两千多年，几乎一直处于对外开放之中，由此带来世代的繁华。远者不说，即在元末明初，亦赫然可观；元末明初岭南诗派开创者孙蕡的《广州歌》曰：

广南富庶天下闻，四时风气长如春。
长城百雉白云里，城下一带春江水。

少年行乐随处佳，城南濠畔更繁华。
朱楼十里映杨柳，帘栊上下开户牖。
闽姬越女颜如花，蛮歌野曲声咿哑。
岢峨大舶映云日，贾客千家万家室。
春风列屋艳神仙，夜月满江闻管弦。
良辰吉日天气好，翡翠明珠照烟岛。
乱鸣鼍鼓竞龙舟，争睹金钗斗百草。
游冶留连望所归，千门灯火烂相辉。
游人过处锦成阵，公子醉时花满堤。
扶留叶青蚬灰白，盘饤槟榔邀上客。
丹荔枇杷火齐山，素馨茉莉天香国。
别来风物不堪论，寥落秋花对酒樽。
回首旧游歌舞地，西风斜日淡黄昏[1]。

入明以后，广州更是长期处于一口通商的地位。有明一代，海禁甚严，曾规定“片板不许入海”，但广州几乎从未被禁过，尤其是嘉靖元年撤销浙、闽市舶司后，广州更获得一口通商的地位。即便三口并存时，“宁波通日本，泉州通琉球，广州通占城、暹罗、西洋诸国”[2]，其他两处也远没有广州精彩；今人所艳称的海上丝绸之路，许多时候是广州在唱独角戏。因此明清以来，广州之所以“岢峨大舶”云集，“番夷辐辏”，是因为其不仅是广东的港口，更是中华帝国的港口：它“吞”入的洋货，不是广东一地所能消化，需要输往内地；它“吐”出的华货，也不是广东一地承担得了，需要内地提供。与汤显祖同时代亦是其友的王士性说：“大庾岭……

[1]［明］孙蕡《西庵集》卷四，清文渊阁四库全书补配清文津阁四库全书本。
[2]［清］张廷玉《明史》卷八十一志第五十七，长沙：岳麓书社1996年，第1164页。

道路险狭，今为张曲江所凿而开者，江、广百货所由地也。”[1]是这一情形的最佳观察和概括。

万历八年以后，这种贸易需求应该更为强烈。因为绕过美洲南端横渡太平洋的西班牙马尼拉当局，为生丝、丝织品、棉布等中国商品找到一条通往墨西哥的贸易航路——太平洋丝绸之路，这就是驰名历史，持续两百多年之久，沟通菲律宾与墨西哥之间的大帆船贸易——运去的是以丝货为主的中国商品，运回的是墨西哥银元；同时也从澳门销往印度的果阿，再转销欧洲[2]。

在这种背景下，江南丝绸，纷纷南下，其他诸多商品，亦复如是。于是江浙商人就“窃买丝绵、水银、生铜、药材一切通番之货，抵广变卖，复易广货归浙，本谓交通，而巧立名曰‘走广’”[3]。不独江浙，其他省份也在纷纷“走广”。明代著名作家冯梦龙有一篇小说《蒋兴哥重会珍珠衫》说，蒋世泽随丈人罗公走广：

> 话中单表一人，姓蒋，名德，小字兴哥，乃湖广襄阳府枣阳县人氏。父亲叫做蒋世泽，从小走熟广东，做客买卖。因为丧了妻房罗氏，止遗下这兴哥，年方九岁……原来罗家也是走广东的，蒋家只走得一代，罗家倒走过三代了。那边客店牙行，都与罗家世代相识，如自己亲眷一般[4]。

今人梁嘉彬说：“据该小说所载，可推知此事在明英宗重祚天顺二

---

[1] ［明］王士性《广志绎》卷四，北京：中华书局2006年，第279页。

[2] 樊树志《晚明大变局》，北京：中华书局2015年，第2—3页。

[3] ［明］胡宗宪《筹海图编》卷十二《行保甲》，四库全书本。按：胡宗宪此书初刊于嘉靖四十一年，此际“走广”之势应当更烈。

[4] ［明］冯梦龙《古今小说》，北京：人民文学出版社1958年，第1—2页。

年（1458年），广东当时已有集天下商贾之势。”[1]“走广”又称“走粤”。曾于隆庆元年督管两广军务的张瀚（1510—1593）观察道：“贾人趋厚利者，不西入川则南走粤，以珠玑金碧材木之利，或当五或当十，或至倍蓰无算也。”[2]更早的嘉靖间人邱云霄在《枯柯记》中也说：“巨贾人，姓王氏，吴中人，走粤好商外国物，故能辨物。”[3]

与此同时，“广货”也成长为重要的外销内输的品牌。因为独特的口岸优势，明中叶以后，靠近广州的顺德作为珠三角桑基鱼塘的最典型地区，成为最主要的产丝区，并繁衍出十八种行当：丝缎行、什色缎行、元青缎行、花局缎行、伫缎行、牛郎纱行、绸绫行、帽绫行、花绫行、金彩行、扁金行、对边行、栏杆行、机纱行、斗纱行、洋绫绸行等等。但这仍然远远不能满足广州出口丝货贸易的需要，所以得大量收购长江三角洲苏杭地区的生丝做原料，纺织更好的粤纱。加上利用国外进口的苏木和紫矿等新式染料进行印染，因此，“粤缎之质密匀，其色鲜华，光辉滑泽”，“金陵、苏、杭皆不及”[4]。屈大均也说：“广之线纱与牛郎绸、五丝八丝、云缎光缎，皆为岭外京华、东西二洋所贵。”[5]另一种广东土产——铁器——也成为走广者北带的紧俏广货，如明人霍与瑕说：“两广铁货所都，七省需焉。每岁浙、直、湖、湘客人腰缠过梅岭者数十万，皆置铁货而北。”[6]因此，“走广”大军在携货南下的同时，也大量携带

---

[1] 梁嘉彬《广东十三行考》，广东：广东人民出版社1999年，第59页。

[2] ［明］张瀚《松窗梦语》卷四《商贾纪》，北京：中华书局1985年，第87页。

[3] ［清］黄宗羲《明文海》卷三百七十八记五十一，清涵芬楼钞本。

[4] ［清］沈廷芳《（乾隆）广州府志》卷四引《（嘉靖）广州志》，转引自黄启臣《明代广东的海外贸易》，《中国经济史研究》1990年第4期，第120页。

[5] ［清］屈大均《广东新语》卷十五《货语·纱缎》，北京：中华书局1985年，第427页。

[6] ［明］霍与瑕《上吴自湖翁大司马》，《霍勉斋集》卷十二《书》，桂林：广西师范大学出版社2014年，第747页。

广货北上。

众所周知，当时的经济中心在江南，而贸易尤其是外贸的中心在岭南，江西，则以其地理之便，成为连接沟通江南与岭南当然的通道和桥梁。早在永乐年间，为官江西的安徽歙县人唐文凤，即对此有敏锐的观察和生动的表述。他在一首题为《清江镇》的诗里，记录了地处广东与江浙商贸通道上的江西吉水清江镇，因广货贸易带来的繁华景象："镇市清江上，居民栋宇连。淮盐堆客肆，广货集商船。草色春迷地，波光暖浸天。凌晨征棹发，万灶起炊烟。"[1]在这条商道上相对贫瘠的地区，广货则几成仰食之资。如明中叶江苏吴江人史鉴（1434—1496）说："南安（今江西大余）居岭徼下，郡小土瘠，而广货所由，细民仰荷负为食，大姓则居积致货不赀。"[2]与汤显祖同时代的王临亨也说："忆昔由金华过括苍度一岭，高险倍之，而以僻，故其名不传。此岭独以横载南北，为百粤数千里咽喉，犀象、珠翠、乌绵、白氎之属，日夜辇而北以供中国之用，大庾之名遂满天下。"[3]

"走广"最勤的恐怕非江西人莫属。隆万间人叶权在其纪于嘉靖四十四年的《游岭南记》里说："江西小民秋收毕，悉过梅岭就佣，广东地暖，可省寒衣，开春二三月复归东作，岁岁如之，广东人谓之使郎。"[4]这种使郎，也可谓"走广"的一种特殊表现形式吧。此外，汤显祖还有一个堂伯（叔）殁葬于时为广州府属邑的东莞："今上辛卯夏，余以言事尉海北。冬，道南海，过哭再从父墓东莞

[1] ［明］程敏政《唐氏三先生集》卷二十三唐文凤《梧冈诗稿》，明正德十三年张芹刻本。

[2] ［明］史鉴《故中宪大夫江西南安府知府汝君行状》，《西村集》卷八，文渊阁四库全书补配清文津阁四库全书本。

[3] ［明］王临亨《粤剑篇》卷四《志游览》，北京：中华书局1987年，第96页。

[4] ［明］叶权《贤博篇》，北京：中华书局1987年，第47页。

焉。抚友人祁衍曾之孤，遂如罗浮。”[1] 汤显祖的父辈祖并无做官的，不可能宦游至此，那是否也是走广至此的呢？无论如何，这也算得上汤显祖与岭南的一桩夙缘。

商贸繁盛，往往伴以歌舞风月的繁盛；当时的人把风月病也称为“广货”，也反映了商贸繁盛，多与走广和广货有关。如明代周履靖的杂剧《锦笺记》所说：

【丹凤吟】［丑上］木偶无依，越吟不已。稊袍窃望疏财士，怕官情纸薄，今非昔比。

自家非别，小何的便是。母死半年，嫖赌两般，家资败尽。替夫到京，谁想身上又染了广货，囊里又缺了盘缠，要归不得，无可奈何……[2]

因为这种“广货”及走广，当时还形成了一个谚语——少不入广。巧合的是，据徐朔方先生考证，汤显祖正死于梅毒[3]。如此，则汤显祖与岭南，非仅夙缘，其别有一种宿命乎？关于“少不入广”的话题，因为与本书主题偏离太多，且笔者已在另外一待刊书稿《岭外风月》中有详细的考述，此处不赘。但仍需要提出的是，汤显祖到晚年，还写下了好几篇与这种风月歌舞繁华有涉的诗篇，如《王孙家踏歌偶同黄太次时粤姬初唱夜难禁之曲》曰：

珊瑚海上玉如林，豫章门前风露深。

[1] ［明］汤显祖《东莞县晋黄孝子特祠碑》，徐朔方《汤显祖集全编》诗文卷三五，上海：上海古籍出版社2015年，第1605页。

[2] ［明］周履靖《锦笺记》第三十五曲，载章培恒主编《六十种曲》，济南：山东画报出版社2004年，第413—414页。

[3] 徐朔方《汤显祖和梅毒》，《文学遗产》2000年第1期，第99—102页。

动是碎眠江月晓，不应传唱夜难禁。

西山云气晚来多，偶尔相逢人踏歌。
峨珂大艑载卿去，如此秋光愁奈何。

不须重上泛湖船，碧玉王家小洞天。
上客何来看歌舞，暮妆微雨最宜怜。

高堂留客正黄昏，叠鼓初飞云出门。
但是看人随喝采，支分不许妒王孙[1]。

徐朔方先生系此诗为弃官家居作，并笺曰："黄太次，名立言，江西广昌人，官至福建盐运使。万历十九年举人。"详诗意，这种粤姬，显然与广货贸易相俱而来。伴随广货北上的有粤姬，当然伴随走广之货南下的也有吴伶与越姬，汤显祖并有诗纪之，如《越舸以吴伶来，期之元夕，漫成二首》曰：

人日期君君有人，古床清泚注宜春。
今宵又踏春阳雪，解傍吴歈记烛巡。

白头情事故乡留，残雪春灯宜夜游。
处处吹箫有明月，相看何必在扬州[2]。

又有《临章楼闻越舸且别怅在二首》：

---

[1] 徐朔方《汤显祖集全编》诗文卷一九，上海：上海古籍出版社2015年，第1161页。
[2] 徐朔方《汤显祖集全编》诗文卷一九，上海：上海古籍出版社2015年，第1160页。

临章楼畔唱歌频，乱飒花枝记饮巡。
定去扬州须说与，相怜还是故乡人。

乱帆秋影半江楼，燕语沧凉傍客舟。
便去扬州且明日，故乡今夜有人留[1]。

由此也反证走广和广货对江西经济社会生活之影响。成长于走广必经之地和广货流通集散之地，也可谓汤显祖与岭南的一种夙缘吧。此外，在王朝时代，中国的对外贸易，一直是朝贡贸易或以朝贡贸易为主；在明代，主管朝贡贸易者为礼部。因此，汤显祖入仕以来，从北京观政时起，大多数时间待在礼部，虽非直接处理朝贡事务，亦必对当时的海外贸易及“走广”现象了然于胸；他后来震惊于广州的外贸繁华，并绕道作澳门之行，当与此不无关系。

[1] 徐朔方《汤显祖集全编》诗文卷一九，上海：上海古籍出版社2015年，第1151页。汤显祖之流连粤姬吴伶，于其生活与创作有何影响，尚无人论及，此可注意。同卷又有《唱二梦》诗曰：“半学侬歌小梵天，宜伶相伴酒中禅。缠头不用通明锦，一夜红氍四百钱。”同书第1138页。诗文卷一八还有《遣宜伶汝宁为前宛平令李袭美郎中寿，时袭美过视令子侍御江东还内乡四首》，并可参看。同书第1129页。

第三节　罗浮情结

我们再回过头来考察汤显祖的成长氛围和成长历程，则别有道教夙缘在。祖父汤懋昭曾四度外出游幕，终不得官，因此颇生出世之想，影响或及于汤显祖。他年轻时就写过好几首和其祖父的涉道诗，如《和大父云盖怀仙之作》[1]、《侍大父白云桥秋望》[2]等。与此同时，自己也开始写作涉仙道之诗，如《登西门城楼望云华诸

[1] 徐朔方《汤显祖集全编》诗文卷二，上海：上海古籍出版社2015年，第118页。全诗曰："为言樵采路，竟作仲长园。桂树俱攒岭，桃花有别源。牙盘餐竹子，锦瑟泛桐孙。第少仙童色，空承大父言。"云盖山，据徐笺，在宜黄东北，与临川接界。徐朔方先生还认为，这些诗写于汤显祖二十五岁左右。

[2] 徐朔方《汤显祖集全编》诗文卷二，上海：上海古籍出版社2015年，第123页。全诗曰："岁光苦难阅，鸣溜启荆扉。石竹烟纷霭，金松云翠晖。书从羊洞寄，人在鹿门归。祖德远高绮，孙枝托宝徽。"

仙》[1]、《黄华姑废坛石井山》[2]、《玉皇阁》[3]等。在《和大父游城西魏夫人坛故址诗》序中，则对这种影响有比较明确的表述：“家大父蚤综籍于精黉，晚言筌于道术。捐情末世，托情高云。家君恒督我以儒检，大父辄要我以仙游。其游南岳故院题云……题毕，命孙行和之。”[4]在明神宗万历三年他出版的第一本诗集《红泉逸草》七十五首诗中，就有十一首涉及仙道。她的祖母更是号称南岳夫人降世[5]，也更笃信道教。而且因为母氏身体虚弱，汤显祖小时常常是在祖母的怀里安眠[6]。他的第一位老师徐良傅，因得罪首相夏言被革职为民，失意潦倒，授徒为生，也颇有出世之想，鼓励他学仙寻道，曾赋诗赠汤显祖曰：“若不尽捐烟火瘴，教君何处住蓬

[1] 徐朔方《汤显祖集全编》诗文卷二，上海：上海古籍出版社2015年，第119页。全诗曰：“窈窕泛金瑟，透迤临白门。余慕青裙子，风尚宿弥敦。残峰标落日，照耀红泉奔。同人罢机对，且复咏兰樽。东王扬妙气，西府结金魂。寻师发伊洛，烟驾远相存。玄符方自此，密约采飞根。弟子各乘云，浮丘不可原。葱茏西北山，桂枝宁得援？恒栖薜荔人，披簪朝上元。而余乏双虬，短翼未飞翻。豫章出丹釜，羊角留清言。莲华紫玄洞，反景成朝暾。恨恨北帝文，检制复何论。生没黄埃中，黑业无朝昏。故是旧城门，但多新冢垣。怅然远心虑，罢醴归南轩。且挹朱源水，往复注龙辕。”据徐笺，华盖山、华子岗在抚州城西，华姑山在城西南，云山在城北，羊角在城内。

[2] 徐朔方《汤显祖集全编》诗文卷二，上海：上海古籍出版社2015年，第121页。全诗曰：“龟原坛观即龟山，鹿苑经曾射鹿还。九曲莲池皆到赏，七层花树好难攀。云开彩屧游天上，电卷红纱出世间。石井桐床烟雾里，飞丹滴窦转入颜。”据徐笺，石井山在抚州西二十余里，相传黄华姑弃家之初曾驻此。

[3] 徐朔方《汤显祖集全编》诗文卷二，上海：上海古籍出版社2015年，第122页。全诗曰：“万华宫阙霭琳琅，桂女香炉奉玉皇。矬堞红霞标日观，龙楣紫汉落天梁。朝挥列缺清宵远，夜检丰都绿字光。人世无缘列仙从，空知延首咏霓裳。”据徐笺，玉皇阁在临川城东大臣巷五皇庙内。

[4] 徐朔方《汤显祖集全编》诗文卷二，上海：上海古籍出版社2015年，第124页。据徐笺，魏夫人坛故址在抚州城西北。

[5] 据［明］帅机《魏夫人诔》，汤显祖祖母魏氏，与南岳魏夫人同姓，相传其母生她时，梦南岳夫人降世。《阳秋馆集》卷三，乾隆四年修献堂刻本。

[6] 汤显祖早年生平，多有参用徐朔方先生《汤显祖评传》，不一一注出。南京：南京大学出版社1993年。

莱。”[1] 这种沛然道风的熏养，对他后来的仕宦生涯与戏剧创作，有深刻的影响，在其岭南之行中，也在在可见。尤其是其对于道教名山罗浮山，更有一种深厚的情结：他的许多知交好友，来自罗浮山；而在与他们的交往中，又不断增强其对罗浮的想象、向往和怀念；他的《牡丹亭》，亦多涉罗浮山；从男主角柳梦梅身上，更可看到他岭南知交挚友的身影。

他岭南最好的朋友，就是住在罗浮山间的东莞人祁衍曾。据方志的介绍，祁衍曾，字羡仲，个性通脱不羁。年二十三始折节读书。万历四年举于乡，但屡蹶春闱，而好游益甚；为了迎接挚友叶春及，曾专门在罗浮建造了一座迟叶庵，其至情至性可以想见。尝欲纵观四方名胜山水，任意所之。曾在游武夷山、白鹿洞后，困于南昌，作乞食文，汤显祖见而奇之，遂订交[2]。他们的交往应早于万年四年（汤显祖时年二十七岁，尚未出仕），因为万历五年，汤显祖作有《红泉卧病怀罗浮祁衍曾》，写到上一年他赶赴山东与正在游览泰山的祁衍曾会合的事：“忆在彭城西，同为冰雪颜。东行游岱宗，飙轮邈难攀。风云不可期，追君齐鲁间……”祁衍曾住在罗浮山区，罗浮山是道教名山，也是汤显祖梦寐神往的地方：

> 卧病红泉石，梦寐朱明山。……
> 知子住罗浮，四百几峰峦。蹑岭绝飞云，极目层波澜。
> 扶胥浴阳德，石门锁奔湍。鱼龙互声取，蜃霞相郁盘。
> 玉草与珍禽，俱希世所观。上有金芝阙，仙圣多盘桓。
> 吾欲从安期，往结天人欢。游戏小百六，咀嚼大回还。

---

[1] 转引自徐朔方《汤显祖评传》，南京：南京大学出版社1993年，第11页。

[2] ［民国］陈伯陶《东莞县志》卷五十九，台北：成文出版社有限公司1967年，第2251—2252页。

其如隔胎骨，兼愁适海难。祁生有灵气，葛洪遗紫坛。
海枣足朝食，沆瀣饱宵餐。蒲涧岂空勺？桂岭不虚团。
相期在友道，控鹤且停鸾。倘便梅花使，行寄玉箱丸[1]。

这“梅花作使”，也容易使我们联想到柳梦梅之梅。在另一首作于万历十三年的《送祁羡仲访琅琊丁太仆》中，不仅表达了汤显祖对罗浮的想往之情，也表彰了祁衍曾的豪侠之气，同时也可谓对县志中祁衍曾形象的印证：“汝家罗浮烟月深，青衫笑拂梅花琴。明珠珊瑚亦何有，海上萧条游侠久。游子萧条白云飞，琅琊之人先绣衣。几度寸心横夜语，能餐秀色临春晖。”其中写到他的一把佩刀——“昨许佩刀曾寄与，直似精灵夜飞楚”——可能就是他后来在从徐闻北归途经肇庆七星岩时偶然一见，并为作《粤装偶见祁羡仲刀子》，睹物思人，感慨万端的那把刀子：“桂瘴来时青气深，七星岩畔宝刀沉。交游半百逢生死，燕市悲歌一片心。”[2] 尤其是写祁衍曾对于醇酒妇人的态度，最堪玩味：“半烛燕姬胡帕头，对此啯啯作燕语。男儿生不遇风尘，酒妇人中顿此身。一掷蛾眉能百万，看君似是有心人。”[3] 这种因痴而豪的形象，与《牡丹亭》中柳梦梅因痴情于杜丽娘，不惧掘墓开棺的豪侠形象，不有异曲同工之妙吗？因此，其中的“梅花”意象，也同样值得关注。

汤显祖与祁衍曾应该在万历五年同赴春闱，却也一同下第。汤显祖的下第诗《梦谭见日祁羡仲韩博罗区海目如昔时下第出长安，潞河雪舟言别成韵，后绝余和者羡仲抛盏落地，怆然罢起，觉而纪之》中，念及的“同是沦落人”，都是岭南人，也都让他想象罗浮山：

[1] 徐朔方《汤显祖集全编》诗文卷三，上海：上海古籍出版社2015年，第173页。
[2] 徐朔方《汤显祖集全编》诗文卷二一，上海：上海古籍出版社2015年，第1280页。
[3] ［明］汤显祖《送祁羡仲访琅琊丁太仆》，徐朔方《汤显祖集全编》诗文卷七，上海：上海古籍出版社2015年，第391页。

菰芦半醉雪花飞，夜起清寒话入微。
共道梅关春色早，那堪人去直春归。

罗浮见日吐精荧，更值韩区好弟兄。
手揽敝貂成一笑，长年风雪此中行[1]。

由此可见，汤显祖对岭南士人，别有一番深情，也别有一番罗浮情结。因此，直到弃官家居之后，还视谭见日等为知交耆旧，赋诗寄问：

曲江春老赋停云，病浅临风一送君。
暂有公荣宜对酒，那堪孙楚即离群。
高餐露菊逢秋尽，细语霜钟入夜分。
更折梅花问耆旧，罗浮清隐最相闻[2]。

而最堪忆念的，还是梅花和罗浮，那仿佛他们友谊的蘖媒。按，二诗中谭见日、覃见日分为二人，疑实为一人。检文献，未获覃见日材料，而谭见日多见。最重要的材料当然是民国《东莞县志》本传，且颇征引旧志及阮元《（道光）广东通志》、屈大均《翁山文外》等其他文献，称其原名“谭清海，字永明，大宁人，为人高视阔步，

[1] 徐朔方《汤显祖集全编》诗文卷二一，上海：上海古籍出版社2015年，第1280页。按，徐朔方先生在诗题中标点为“……后绝余和者，羡仲抛盏落地……”，窃以为不宜点断，可以表现祁羡仲最和一个和韵毕，即抛盏以示不屈与慷慨，始合其豪侠之性情。

[2] ［明］汤显祖《送刘参藩寄问东莞覃见日卢海畴诸子》，徐朔方《汤显祖集全编》诗文卷一七，上海：上海古籍出版社2015年，第1040页。

好谈天下大计”。明穆宗隆庆间曾以布衣上三大礼疏，又曾仗剑出塞，为戚继光所激赏。继而“上书言十事，多经国硕画”，“大学士张居正、都御史庞尚鹏及尚书叶梦熊称为当今奏议第一，将留之”，以“能为真布衣不能为假仕宦”辞归。并详述“见日”之得名曰：“后返里筑草堂于见日峰，自称见日山人。见日者盖草野不敢忘君之意，于是海内无不知有谭见日山人者。年七十时犹规画交址，著论甚悉。卒年八十四，有奏牍诗文杂著十余种。”[1] 另，杨起元《送谭见日山人序》，颇称其刚毅负异无所屈：“吾乡之足以言刚者，方文襄公而已矣，恨生也晚，不及见其人，乃不意见吾谭见日山人者。”[2] 事迹相合，当为同一人。杨起元（1547—1599），字贞复，号复所，广东归善（今属惠州）人，万历五年进士，官至南京礼部尚书，谥文懿。又前述祁衍曾之师叶春及亦有《赠别谭见日山人》三章[3]。

可是，就在汤显祖南行之际，祁衍曾因母丧哀毁过度去世。汤显祖在去罗浮山的时候，还特地去了一趟东莞，抚慰友人遗孤，还在应人之请所作的《东莞县晋黄孝子特祠碑》中特意表彰祁衍曾的“读书而豪”[4]。又作诗《惜东莞祁生》以抒伤心之意：“谁能意气浅，偶尔烟花生。今日罗浮子，来伤江海心。”[5] 即便到了晚年辞官家居后，亦念念不置，为作《忆祁羡仲武夷》[6] 等。凡此，足以见出他们生死不渝的深厚情谊。因此，汤显祖把他作为构思和塑造柳梦

[1] ［民国］陈伯陶《东莞县志》卷五十九，台北：成文出版社有限公司1967年，第2230—2236页。

[2] ［明］杨起元《证学编》卷三，明万历四十五年余永宁刻本。

[3] ［明］叶春及《石洞集》卷十七，清文渊阁四库全书补配清文津阁四库全书本。

[4] 徐朔方《汤显祖集全编》诗文卷三五，上海：上海古籍出版社2015年，第1605页。

[5] 徐朔方《汤显祖集全编》诗文卷一一，上海：上海古籍出版社2015年，第660页。

[6] 徐朔方《汤显祖集全编》诗文卷一七，上海：上海古籍出版社2015年，第1025页。诗曰：“建江烟月武夷君，幔亭彩屋清溪门。杳草霏花紫霞褥，酒行命奏宾云曲。乡人男女皆会孙，罢起翩翩朝至尊。弟子坛场阏春色，宾从笙歌清梦魂。仙骸半枕若沉月，千花叠栈摇飞云。罗浮祁生好留此，九曲鸣榔清啸闻。”

梅形象的来源之一，也是顺理成章的。

汤显祖在《游罗浮山赋》中说到的南海人曾人蒨，也是他早年相交终身相契的朋友[1]，并作有多首诗歌纪其友情。如初仕南京时所作《董光禄把游城南三兰若同南海曾人蒨即事》，意气相激，友情相摩[2]。在《别曾人蒨》中，则表彰其游学江南[3]。至其晚年所作《送曾人蒨由武夷南海》，在激赏曾氏的冰雪情怀、豪壮性格，叹惜其怀才不遇的同时，更深切怀念早逝的祁衍曾，尤其挂念其失怙的幼子[4]。

前述同试春闱并一同落第的区大相，字用孺，号海目，广东高明人，后于万历己丑（1589 年）成进士，选庶吉士，调南太仆丞。工诗，屈大均谓："明三百年，岭南诗之美者，海目为最。"又谓："论者谓明兴，前后七子称诗，号翰林为馆阁体。海目始力祛浮靡，还之风雅。"[5] 王士祯也谓："粤东诗派，皆宗区海目。"[6] 汤显祖除上引诗有怀，又有《送马仲高入都并问区太史邓吏部梅岭诗》称颂"海目迥清旷"。徐朔方先生系此诗为万历二十七年家居作，并言马仲高仕履行迹不详。然详诗意，当是来自广州的少年英俊：

> 马生千里姿，游闲气清楚。来从海珠寺，江光映重阻。
> 相逢邈河汉，留连及羁旅。北望且悠然，南装应几许。

---

[1] ［明］汤显祖《游罗浮山赋》："每与友人祁衍曾、曾人蒨叹恨其奇，大有终焉之意"。徐朔方《汤显祖集全编》诗文卷二三，上海：上海古籍出版社2015年，第1341页。

[2] 徐朔方《汤显祖集全编》诗文卷九，上海：上海古籍出版社2015年，第454页。徐先生系于四十至四十二岁间作。

[3] 徐朔方《汤显祖集全编》诗文卷二十，上海：上海古籍出版社2015年，第1211页。

[4] 徐朔方《汤显祖集全编》诗文卷一七，上海：上海古籍出版社2015年，第1024页。

[5] ［清］屈大均《广东新语》卷十二《诗语》，北京：中华书局1985年，第348、356页。

[6] ［清］王士祯《渔洋诗话》卷下，清文渊阁四库全书本。

冬服委轻纤，春衣余白纻。时复梦乡路，高堂离寒暑。
直欲翻炎溟，何缘避风渚。长歌燕市醉，短剑吴门语。
世路今何如，天池此一举。垂杨依远道，迁莺动俦侣。
苍梧旧所历，长安有心与。海目迥清旷，韶阳美风绪。
恻恻江潭人，梅花相忆汝[1]。

这种少年才俊的形象以及诗之结尾的梅花意象，也令人不由得想起《牡丹亭》中的柳梦梅。再合观时贤送马仲高北上之作，汤显祖对他的赞誉并非虚夸。韩上桂《送马仲高北上》曰：

京北有高台，下瞰易水流。云是郭隗时，寔佐燕昭谋。
本为孤羁客，语合遂见收。黄金空突兀，骏骨谁能酬。
斯人不可见，嗟哉成荒丘。君今挺高足，杳若控仙虬。
青云纷四映，赤电欻然浮。愿言弘此谟，庶以于王侯。
岁尽日云暮，冉冉浮云征。俯观万物间，大小各有营。
之子独何为，眷言怀上京。岂无饥渴念，所志在成名。
人生多愤惋，永夜中肠惊。种松苦不长，幽花空自明。
采之贻远道，因风扬芳馨。努力善自爱，毋为俗虑撄[2]。

当时的岭南文宗、海内名士欧大任也激赏他：

倒屣相看见面稀，缄诗三度寄林扉。
郫中酒为扬雄载，镜里船逢贺监归。

[1] 徐朔方《汤显祖集全编》诗文卷一四，上海：上海古籍出版社2015年，第826页。
[2] ［明］韩上桂《蘧庐稿选》，明天启刻本。［清］史澄《广州府志》卷三十九选举表八谓："韩上桂，番禺人，建宁同知，死节，国朝赐谥节愍。"清光绪五年刊本。

津树不堪频欲别，江鸥何事忽群飞。

殷勤缟带君犹赠，浅薄那能报纻衣[1]。

但是，瘴岭人才，每不易达，马仲高这样的时彦，后来也变得寂寂无名；汤显祖之所以创造柳梦梅这样一个堪称中国文学史上第一位光辉灿烂的岭南人物形象，应当与其对这些岭南才子的种种不公平或者不幸遭遇的同情、感愤有关系。

汤显祖贬途中往游罗浮时，曾“速令尹崔子玉于南海，迟文学翟从先于东莞”[2]，民国《东莞县志》有引《罗浮山志》纪其事[3]。翟从先曾游吴越，或因此与汤显祖相识。欧大任有《送翟从先还东莞》：“游吴适越兴何长，曾向滇南上点苍。归去下帷中阁夕，青藜来照校书郎。”[4]这翟从先亦岭南奇逸之士，曾欲以布衣之身，诣阙申救诏狱论死的理学名家李材[5]，并长途跋涉三千里商于后来

---

[1] ［明］欧大任《马仲高郑康明陈寅衷乘舟见访》，《欧虞部集十五种》之《蘧园集》卷二，清刻本。

[2] ［明］汤显祖《游罗浮山赋》，徐朔方《汤显祖集全编》诗文卷二三，上海：上海古籍出版社2015年，第1341页。

[3] ［民国］陈伯陶《东莞县志》卷五十三：“显祖与祁衍曾善，衍曾为言罗浮之奇，有终焉之志。十九年十月，问途莞城，与邑文学翟从先入罗浮，因作游罗浮赋。《罗浮山志》”台北：成文出版社有限公司1967年，第1962页。

[4] ［明］欧大任《欧虞部集十五种》之《诏归集》卷一，清刻本。

[5] ［清］沈德符《万历野获编》卷二十二《李见罗中丞》条：“丰城李中丞材以理学名天下，后抚郧阳，毁参将署为讲学之所，为士卒所哗，备极窘辱。寻以听勘归里。次年云南巡抚苏怀愚酂以前任金腾道冒功事劾之，逮下诏狱，搒掠论死。”北京：文化艺术出版社1998年，第596页。

的东林党党首顾宪成之弟顾允成，顾为作《代翟从先救李材》[1]。汤显祖《江楼送东粤翟先辈》曰：“楼上秋风远，城阴水树微。芙蓉低木末，暝色上林霏。海燕凉犹拂，江乌静不飞。登临澹无色，还似送将归。”[2]徐朔方先生将诗编在《汤显祖集全编》不系年的第二十卷。诗中有海燕出现，当作于同游罗浮后送归东莞时。此“翟先辈”，当“翟从先”或“翟从先辈”舛漏。

汤显祖有一首《寄东莞崔肖玉》，崔肖玉不知是否邀其同游罗浮的崔子玉。这首诗在咏述岭南蛮荒的同时，也属意其奇珍的一面，颇符道家的想象与理想。但诗人进一步揭示说，由此孕育的人物，也是英奇铮铮，瑰伟冲怀，誉之为真龙之侣：

炎州荒桂海，万里通瀛莱。巨灵失赑屃，吹䕫五山来。
一山傅浮岳，中开瑶石台。其上多珍木，丛花四时开。
菖蒲尽九节，咀嚼寿灵胎。癸水洗刀剑，黄山贮人材。
夫子特英奇，铮铮步云阶。谁谓在途遘，一笑倾衔杯。
玄言晤清适，郎色鉴冲怀。身非琅琊人，顾见傅陵崔。
崔家本文宗，奕世擅雕龙。看君爱宾客，不愧子玉踪。
遥心注皇极，乍往归番禺。揆予亦虚反，怅望铜陵峰。
红泉动潇洒，翠谷相蒙茸。寒林转高叶，素沼落芙蓉。

[1] ［清］永瑢《四库全书总目》卷一百七十二集部二十五《小辨斋偶存》提要说：“明顾允成撰。允成字季时，无锡人，宪成弟也。万历丙戌进士，官礼部主事，谪光州州判，事迹具明史本传。允成于癸未举会试，丙戌始殿试，以对策攻嬖幸，抑置末第。今集中以是篇为冠，次为救海瑞疏，次为争三王并封疏，次为代翟从先论救李材……”乾隆武英殿刻本。又［明］高攀龙《高子遗书》卷十一《顾季时行状》：“丰城李见罗先生坐云南报功事被逮，丽于大辟，舆论冤之。广东布衣翟从先欲诣阙申救，不远三千里特过泾上商于季时，季时喜曰：‘甚善……’”文渊阁四库全书补配清文津阁四库全书本。

[2] 徐朔方《汤显祖集全编》诗文卷二十，上海：上海古籍出版社2015年，第1224页。

平分惊晚节，秋绪委玄冬。念此不能寐，疏响寄号钟。
俯听谷中松，仰看天际鸿。丘陵自生韵，烟霞常染空。
非余谬通窒，会物有夷隆。仲武瓢初响，咎陶钧颇同。
为爱真龙侣，书此寄南中[1]。

但是，岭南远离政治中心，人才每不易脱颖而出，即是真龙又如何？故汤显祖在《送梁兴古暂归东莞，并寄袁萃霞贵竹》中说："每闻深论欲过从，恨别灵山几万重。瘴岭人才多伏骥，清时选法似图龙。乡心自试槟榔驿，客路还过紫橘峰。更说白人能卖剑，不妨樽俎劝春农。"[2] 恨恨！

[1] 徐朔方《汤显祖集全编》诗文卷四，上海：上海古籍出版社2015年，第228页。
[2] 徐朔方《汤显祖集全编》诗文卷四，上海：上海古籍出版社2015年，第228页。

第四节　旧雨新知

汤显祖的被贬，其实也算是变起仓促；他从南京起程回乡时，贬所都尚未最后定下来。好友邹元标《汤义谪尉朝（潮）阳序》说是在潮阳[1]，沈瓒《汤祠部义仍上书被谴，长句送之》说“谪向边城为小吏”[2]，是未明贬所。这或许与朝中好友的斡旋有关。汤显祖回到家乡后，约为儿女亲家的挚友兼同年、南京国子监司业刘应秋，将每期邸报及朝中动态及时寄告；贬所终于在陆光祖到任吏部尚书后，确定为广东徐闻。托陆光祖的福，这是个相对不错的结果。刘应秋在《与汤若士》中明确说：“徐闻在广为善地，此出陆太宰之意。”[3]汤显祖也感到欣慰，他回信说：“今年大计殊佳，是陆公晚节得意处，但如此，亦真奇士矣！”又说：“承手命，弟一生大病，坐于多读多言，多读多芜，多言多漏。今稍愧悔，兄其许我乎？海上尉当一二年，安心供职。郭考功未即开府，何也？逐臣无所忻，喜清人得政耳。”[4]

身在逐臣，心存魏阙，个人得失，曷须计哉！他最好的朋友之

[1] 毛效同《汤显祖研究资料汇编》，上海：上海古籍出版社1986年，第129页。
[2] 毛效同《汤显祖研究资料汇编》，上海：上海古籍出版社1986年，第224页。
[3] 毛效同《汤显祖研究资料汇编》，上海：上海古籍出版社1986年，第199页。
[4] ［明］汤显祖《与刘士和司业》，徐朔方《汤显祖集全编》诗文卷四四，上海：上海古籍出版社2015年，第1746页。

一帅机也这样期许他，为作《喜汤义祠部今弹权贵谪尉雷阳》：

青琐黄扉召寇兵，孤臣忼慨谢朝缨。
丹心爱国同长孺，白首工文复马卿，
瘴海千山迎使节，罗浮双屐快秋清。
即看诏旨扶公道，一疏回天藐凤鸣。

闲署忧时不顾身，高官朊仕愧何人。
弘词早已标芳苑，直疏频能批逆鳞。
海鹤秋风仍傲客，岭猿夜雨半孤臣。
知君逸气凌梅尉，谪籍终当洽隐沦[1]。

在诗里，帅机说汤显祖虽系贬臣，但也赢得了好的名声，皇上自会主持公道，他也很快会凯旋回朝的。他则回应说：

人生有限之年，岂给无穷书籍，但用深心，取适于妙。弟去岭海，如在金陵。清虚可以杀人，瘴疠可以活人，此中杀活之机，于界局何与邪！归苦热瘴，魄几易宅，痁危之后，身寄转轻。语云："本见而草木节解"，此时然也。兄无甚酒，幸为我留少许情神，相老而嬉[2]。

显示了一种通达与智慧：留在南京，清闲可以使人委顿；贬去岭海，逆境或许可以成就另外的人生——如果我们把《牡丹亭》的创作"归

[1] ［明］帅机《阳秋馆集》卷十一，清乾隆四年修献堂刻本。
[2] ［明］汤显祖《寄帅惟审膳部》，徐朔方《汤显祖集全编》诗文卷四四，上海：上海古籍出版社2015年，第1762页。

功于”此番岭南之行，则可谓诚哉斯言了。梅鼎祚也说：“家外舅经守其郡，天恒暖，治稻再熟，揉葛可单，实迁客所宜居。苏长公寓惠诗曰：‘日啖荔枝三百颗，不妨长作岭南人。’仁兄定能备如此襟度。然即当赐环，无由待荔之丹矣。”[1] 意即他的外舅曾经做过雷州知府，那地方还不赖，他一定可以像苏东坡那样，在那儿愉快地生活，更何况很快就会回来呢！

更何况，汤显祖在岭南，除早有夙缘，还颇有乡谊故旧以及仕宦僚属等现世的情缘！这一方面使他得以熟悉了解岭南的气候物产、生活习俗，至少不至于有一种陌生的远行的恐惧；另一方面，一路上也可得到种种照拂。对贬谪之人来说，这些都是莫大的慰藉。

在同乡故旧中，首先徐闻县令熊敏这个即将的顶头上司，就是老乡；刘应秋早已为其联络安排：“作令者瑞郡人，聂惕吾谓有书先与言之。”[2] 汤显祖也很快同他取得联系，并得照拂：“疏愚之资，孤焉瘴海。天幸得挹长者卷卷。还乡病起，更辱远谕，乃至处以餐饯。”[3]

其次当推他情同手足的同窗好友饶仑，在与汤显祖同年中进士后，曾出任顺德知县，汤显祖曾作《送饶司理顺德伯宗故于予不浅各亢壮别去悲之》相送：

十年栖绕月明枝，一日春妆蕊树奇。
厚禄久无堂上老，长贫多谢里中儿。
空思幅被通寒夏，浪拟缄书有岁时。

[1] ［明］梅鼎祚《与汤义仍》，《鹿裘石室集》卷五十七，明天启三年玄白堂刻本。
[2] ［明］刘应秋《与汤若士》，载毛效同《汤显祖研究资料汇编》，上海：上海古籍出版社1986年，第199页。
[3] ［明］汤显祖《答徐闻熊令》，徐朔方《汤显祖集全编》诗文卷四四，上海：上海古籍出版社2015年，第1771页。

定过邢台悲豫子，声音偏合友人知[1]。

从他那儿，汤显祖一定能了解不少广东的情况，也一定会激起他对岭南的诸般想象。如他在《哀伟朋赋》的序里说："仑同举进士，出理顺德，有洁清公忠之名，三察并关将吏，凡却万金。"虽然主要表现饶仑的清廉，但也反映了广州府属邑顺德等地的富庶。回头再说他们的关系之好，好到什么程度呢？且看："予年未弱冠，有友二人，钟陵（今属江西进贤）饶伯宗仑、临川周无怀宗镐，皆奇士也。同卧处三岁，余前后别去。至同赴南宫，试都下，卧未尝有异衾枕，履袜先起者即是，不知其谁也。"后来，饶仑早逝，汤显祖为之披麻戴孝，尽孝若子："为汝半期兮素带，三旬兮缟裳。遇同官而见哂，慨朋友之礼亡。"[2]

就在汤显祖南贬前一年，即万历十八年，友人黄仁荣因为弹劾王世贞等，出迁广东按察司佥事整饬南韶兵备，为作《送黄侍御出迁东粤暂归洪都（侍御以论王弇州行）》："满岁原知出帝乡，谁言即饯此年芳。春开积雪归鸿满，花入晴湖泛鹢长。仙井烟霞回柱史，梅关消息到韶阳。高冠绣服堂堂去，恨不留台竟触羊。"[3]可谓替他"打了个小前站"，可为他传回最新广东消息。他旁系的族

[1] 徐朔方《汤显祖集全编》诗文卷一六，上海：上海古籍出版社2015年，第198页。据徐笺：或作于万历十一年癸未，时在北京为观政进士；饶伯宗，临川人。

[2] 徐朔方《汤显祖集全编》诗文卷二六，上海：上海古籍出版社2015年，第1403—1407页。

[3] 徐朔方《汤显祖集全编》诗文卷七，上海：上海古籍出版社2015年，第372页。徐笺：作于万历十八年。［明］张溶《明神宗显皇帝实录》卷二百十五曰："（十七年九月己未）南京广西道御史黄仁荣论劾南京兵部右侍郎、今升南京刑部尚书王世贞，言其补兵部侍郎未久，前任以巡抚升大理卿被劾回籍，不得通理前俸，违例考满，希图恩荫。并参吏部扶同欺罔。吏部尚书杨巍辨世贞被劾在籍养病，历经荐举起用，自当另议……王世贞照旧供职。"钞本。又卷二百十八曰："（戊寅十二月）升南京广西道御史黄仁荣为广东按察司佥事整饬南韶兵备。"

兄汤瑞宷也在早些时候调任阳江知县[1]；阳江是其前往徐闻的必经之地，所以他们后来自然有见面并聊起宗族之谊，颇慰贬途：

> ……吉之永丰有吾宗焉。魁然大矣，起宋平叔以来，几二十世，谱凡五六易矣。而其先后文雅彬发，与所为名贤交友，积文成林。思有以谱之，未也。盖万岁辛卯，予谪尉于雷之徐闻，道阳江，见吾瑞宷兄而忾然问所为世者。且曰："吾二十世祖平叔，以宋乱护从如西，而留吾子之先，倘是耶予？"[2]

此外，像邹元标在《汤义谪尉朝阳序》中说："粤多迁人，孙比部为尉且六年所，杨给谏为尉且一年。迁客相逢，椰酒自劳，为我致声曰：'主人圣明，国事可为，行且召公等，公等其何以报上？'"[3]这孙比部、杨给谏，应该也是汤显祖的僚友，只是后来并无诗文反映他们有相见。

汤显祖与为官岭南的仕宦往来，据徐朔方先生的笺疏，见诸吟咏的最早一篇，是作于二十五岁之前的《送人使南海进香》："仙槎出海国，之子爱神区。凤尾留书箧，龙涎上玉炉。分麾绿油幰，别酒青丝壶。为问安期枣，何如汉主蒲？"[4]南海广大，但有明一代，朝廷敕封的南海神在广州的南海神庙，既为朝廷遣使进香，则当在此处；后来汤显祖南贬途经广州，特地前往拜谒，于此可见渊

[1]　[清]范士瑾《阳江县志》卷三录列其本人及前后任知县任职情况曰："黄应奎，广西人，举人，万历十七年任；汤瑞宷，江西人，举人；万日轼，有传；郭应龚，晋江人，举人，万历二十六年任。"清康熙刻本。

[2]　[明]汤显祖《吉永丰家族文录序》，徐朔方《汤显祖集全编》诗文卷二九，上海：上海古籍出版社2015年，第1444页。

[3]　毛效同《汤显祖研究资料汇编》，上海：上海古籍出版社1986年，第193页。

[4]　徐朔方《汤显祖集全编》诗文卷二，上海：上海古籍出版社2015年，第135页。

源。海上仙槎，安期瓜枣，广州蒲涧[1]，都是充满道教色彩的意象，也反映了汤显祖对岭南道教名区的想象。后来汤显祖南贬徐闻道经广州，作《东莞江望白云山》曰："安期留舄远，仙馆若为分。"[2]可谓对早年想象的回响。翠羽凤尾，龙涎异香，是岭南长久以来的贡物，也是奇情异彩的想象。

汤显祖在被贬徐闻前，还有一些直接反映雷徐一带的诗篇，真可谓有"前缘"了，而且情调还显得比较明朗，并无荒瘴之气，则其贬谪徐闻，必不至于有从前那种万死投荒的感觉。如《送陈瑞实海康》："漳山名第得如君，漳浦能开锦绣文。陌上横鞭初接语，花边解佩若为分。关山马首河流见，海国鸡鸣夜定闻。暂向九龙催传发，雷阳春色待行云。"[3]陈是其同年，时任海康知县。《腊忆王道服南海》："露冕曾当日观峰，绣衣风色起吴松。江边折柳春难寄，陇上题梅使不逢。正朔临台青鬓远，长年泛海道心浓。祠官大有清斋日，为报钟陵紫气重。"[4]诗中把因官南韶参议而分守雷州、廉州的王道服的"泛海"视为"修道"，诚可谓奉道的汤氏本色；这也暗预了参禅访道在其岭南之行中的比重——有此道心，何惧贬

[1] 苏轼南贬途经广州，游白云山，作有《广州蒲涧寺一首（地产菖蒲，十二节。相传安期生之故居，始皇访之于此）》《安期生并引》，参见《苏轼诗集》，北京：中华书局1982年，第2065、2349页。

[2] 徐朔方《汤显祖集全编》诗文卷一一，上海：上海古籍出版社2015年，第657页。

[3] 徐朔方《汤显祖集全编》诗文卷十，上海：上海古籍出版社2015年，第592页。徐先生系于在南京作。

[4] 徐朔方《汤显祖集全编》诗文卷十，上海：上海古籍出版社2015年，第570页。徐先生系于在南京作。徐笺：王道服，名民顺，金溪人。曾官南韶参议分守雷廉，擢广东按察使。汤显祖还有一首《寄陈河州并问王道服岳伯（陈前廉州理）》及于王道服："万里珠从合浦还，风林春色远临关。知君不似贪炎热，暂与开牙向雪山。""书生投笔事何常，万里功名或破羌。林下尺书成底用，故人今在紫薇堂。"惜未知此陈河州为何人，当也为官廉雷一带。见徐朔方《汤显祖集全编》诗文卷一八，上海：上海古籍出版社2015年，第1124页。

谪！先是，其至交周宗镐的从兄周宗武，也曾于万历六年由惠州同知擢任廉州知府；廉州就在徐闻的旁边。周宗武被誉为张公岳之后最具善政的知府：

> 周宗武，江西临川举人，万历元年任惠州府丞。廉介，每惠事有不可，辄面折，虽僚长不稍避。惓惓以哀无告申冤抑为心，惠守李畿嗣甚器重之。万历六年擢知廉州府。廉俗惑巫师，宗武明大义，以严禁之，饬各属行条鞭法。捐赎锾增高郡城，躬亲监督。又捐俸甃泮池以汇龙门之水。善政种种，太守张公岳之后此其最者[1]。

屡施捐赠的这位廉州太宗，最后卒于任上，却因为“公方苦节”，“死无以葬，妻子至为人舂纴以活”[2]。曾国藩的《江西通志》也说他在廉州知府任上“清操愈厉，人谓之真廉州云”[3]。汤显祖后来在《为士大夫喻东粤守令文》中对其大加表彰：“见仕如周广州启祥、周廉州宗武，其人亦已久矣，而士大夫至今传其清。”[4]又在《周青莱家谱序》中许为“周氏之一人”[5]。这也可成为汤显祖南贬徐闻的一种激励和慰藉。

除了同乡故旧，汤显祖还有不少岭南本土的知交挚友和仕宦僚属，在贬临其地时，情感上会更觉亲切，更感慰藉。首推者当邓宗龄，因为他不仅是汤显祖的同年，更兼他是徐闻人。《（万历）雷州府志》称：“邓宗龄，字子振。自少颖悟绝人，博综群籍，年十九以

[1] ［清］周硕勋《廉州府志》卷十三，乾隆二十一年刻本。
[2] 徐朔方《汤显祖集全编》诗文卷二九，上海：上海古籍出版社2015年，第1447页。
[3] ［清］曾国藩《江西通志》卷一百五十三，光绪七年刻本。
[4] 徐朔方《汤显祖集全编》诗文卷二九，上海：上海古籍出版社2015年，第1631页。
[5] 徐朔方《汤显祖集全编》诗文卷二九，上海：上海古籍出版社2015年，第1447页。

儒士登丙子乡书，癸未成进士，选翰林院庶吉士，补检讨，名震玉堂。少精举业，尝著《舟中草》，海内诵之。选古文数十卷传于世。宗龄体貌魁伟有逸度，人咸谓其有公辅之望，惜啬于年。著有《玉堂遗稿》。”[1] 汤显祖也说，当年他们一同中进士后，被人视为瑜亮之比；汤显祖以才高为人瞩目，邓则有宰辅之相：

> 癸未（万历十一年）春，予举进士，经房秀水几轩沈师（自邠），年少于予，心神迫清，而予方木强，故无柔曼之骨。五月馆试，房举各得上其门士。时冯君梦祯谓沈师曰：“子门中固无愈汤生者耶？”师曰：“固也，恨生骨相凉薄，不如徐闻邓生。生甫终贯之年，而负河岳之相。必大拜者，其人也。”

这是汤显祖自己的记录，并表示：“予闻斯言，服师人鉴。”[2] 这种形同瑜亮，而又互相敬重的情形，揆诸情理，应该会增加汤显祖对徐闻的好感，乃至对整个岭南及其士人的好感。沈自邠的后人沈德符别有一说，不过总比不得当事人的意见，录以备考而已：“癸未先人以阅尚书分考得一南卷，赏异之云：‘非吾叔度老手不辨此。’时焦尚未改字，而先人自幼同砚席，识其文甚稔，因荐高等。比拆卷登榜，则广东邓宗龄。其年甫弱冠，焦年逾不惑久矣。邓入词林。又六年焦以龙首继之。邓未几夭。焦虽晚达，又罹谪籍，然年位未可量也。”[3] 只可惜邓英年早逝，逝世的时间约在万历十七年后，

[1] ［清］欧阳保《（万历）雷州府志》卷十七《乡贤志》，万历四十二年刻本。

[2] ［明］汤显祖《酬心赋有序》，徐朔方《汤显祖集全编》诗文卷二六，上海：上海古籍出版社2015年，第1401页。

[3] ［清］沈德符《师弟相得》，载《万历野获编》卷十四，北京：文化艺术出版社1998年，第403页。

十九年前[1]。

汤显祖尉徐闻时，曾往探慰邓宗龄的母亲，颇蒙招待；后作《寄候徐闻邓母》："真妃南斗向南图，游子登堂泪欲枯。海蚌一瓯知味美，可怜无复报恩珠。"[2]从诗的第二句看，邓此时当已不在人世。又作《为徐闻邓生怀其尊人靖州》："春半黔中花木殷，日斜江上武陵蛮。披衣看取湘云色，浪楫长歌山外山。"[3]徐朔方先生系为在徐闻典史任上作。邓宗龄父邓邦基，府志言其为嘉靖四十年举人，曾任兴化府通判，未言其靖州之任[4]。邓宗龄在当时确有文名，徐渭《古今振雅云笺》收录其《诗报郭大尹》《谢贶答比部吴中淮》《讯问报方子韩》《文誉报陈五岳京兆》等诗四首[5]，黄宗羲《明文海》收录其《春王正月辨》《重刻唐文苑英华叙》[6]，徐乾学《传是楼书目》著录其《吹剑斋集》八卷[7]。

在汤显祖的同年进士中，据阮元《（道光）广东通志》，广东籍的尚有林朝钥（南海人，官至户部主事）、卢龙云（南海人，官至贵州参政）、钟若休（南海人，官至户部主事）、林熙春（海阳

[1]　邓宗龄万历十五年尚撰有《雷州天妃庙记》。见［清］雷学海《雷州府志》卷十八，嘉庆十六年刻本。

[2] 徐朔方《汤显祖集全编》诗文卷一二，上海：上海古籍出版社2015年，第696页。

[3] 徐朔方《汤显祖集全编》诗文卷一二，上海：上海古籍出版社2015年，第688页。

[4]　［清］欧阳保《（万历）雷州府志》卷十四《选举志》，万历四十二年刻本。倒是［清］雷学海《雷州府志》卷十五，说乃弟曾任澧州知州："邓邦髦，徐闻人，澧州、泗州知州，有传。"清嘉庆十六年刻本；同志卷十六其本传曰："邓邦髦，徐闻人，偕兄邦基同领嘉靖辛酉乡荐，任泗、澧二州知州。政尚清简，寓抚字于催科，诘奸擿伏，号为神君。凡州中利病，宜因，宜革，力详，上台为民请命，州人祠之。子宗京以恩选任江西兴安知县，草书冠一时。宗相领郡庠岁荐。邦髦品重官方，名标月旦，祀乡贤。"如此，则汤显祖诗中之邓生，当是邓宗相或邓宗京；其于邓宗龄，亦不宜以邓生称之。

[5] 分见卷三、卷五、卷九，明末刻本。

[6] 分见卷一百十一"辨"乙、卷二百二十"序"十一，清涵芬楼钞本。

[7] 道光八年味经书屋钞本。

人，官至户部侍郎）、梁云龙（琼山人，巡□右都御史）[1]，与其交往有文字可考的则为卢龙云，汤显祖曾为作《送卢少从马平归东粤》："难将试剧比投荒，二广风烟似一乡。雪署送归歌宿莽，风津奏发伤垂杨。沾衣海色昭潭尽，绕骑春光郁岭长。会见府朝收迹远，握中悬璧自生光。"[2] 颇感慨于"瘴岭人材多伏骥"，唯愿其"握中悬璧自生光"。今观阮元《（道光）广东通志》本传，汤显祖的感慨诚非无的放矢：

> 卢龙云，字少从，南海人。生有异征，幼颖悟，万历丙子举于乡，癸未成进士，授马平知县。清兼并，汰浮冗田赋，获免二千余石。补邯郸令，复补长乐。邑多豪猾，且岁苦洪潦，龙云创浚陈唐港，圳抵海三千余丈。疏导滨湖、岩湖、七十二洋总流。以性鲠直，不能俯仰权要，遂左迁江右藩幕直指。冯闻其才名，聘往分考，名士尽出其门。寻转南廷尉，晋户部员外郎，出榷扬州，升贵州参议（《贵州通志》云分守新镇）。时苗众猖獗，下车即访苗情，条其款要于中丞，恩威并及，慑服有法。往来嵠峒，力瘁成病，遂不起。中丞疏功，奉旨有白金文绮之赐。所著有《四留堂稿》《尚论全篇》《易经补义》《谈诗类要》诸书，祀乡贤[3]。

如此劳苦功高，最后也只是鞠躬尽瘁于边职。而对比一下《牡丹亭》中柳梦梅之自喻献世宝，不正有"握中悬璧自生光"的意味吗？

汤显祖早年的岭南籍故友，还有南海人郭棐。他的《南海郭观察梦菊约西城寺琴集别袁沧州文谷》诗说：

---

[1] 卷六十九选举表七，上海：商务印书馆1934年，第1169页。
[2] 徐朔方《汤显祖集全编》诗文卷十，上海：上海古籍出版社2015年，第571页。
[3] 卷二百八十二列传十五，上海：商务印书馆1934年，第4871页。

高怀何用结交深，绮陌翻为狎隐寻。
过雨汾阳移白帢，开春海色荐鸣琴。
云浮睥睨乌栖树，月冷招提鹤在林。
夜半袁宏高咏罢，沧州头白故人心[1]。

徐朔方先生系此诗为出仕前作；以官员而约布衣，可以见出他们关系非同一般。郭棐字笃周，号梦菊，是汤显祖所崇敬的理学家湛若水的弟子。嘉靖四十一年登进士第，初授户部主事，寻改礼部。因为官耿直，触忤权臣高拱，出为夔州知府，万历五年始改四川提学，又除广西右江副使，升云南右布政使，终光禄寺卿。转官广西时，汤显祖为作《西川学使郭参知棐调西粤》：

目起移官向越宾，一时清论满朝绅。
新参古色归悬镜，旧士高谈忆角巾。
苍野独行云气晓，桂林闲望洛容春。
郁金美酒须饶作，何但风烟老却人[2]。

虽远隔千里，故友音问，时时慰勉。郭棐致力搜罗整理乡邦文献，先成《粤大记》《岭海名胜记》，卒成一代名志《（万历）广东通志》[3]。作为岭南史籍的大家，汤显祖从他这里，应该可以了解到岭南的许多情况。

也是出仕前交往、在南京做侍御的陈姓东莞朋友，堪称汤显祖

[1] 徐朔方《汤显祖集全编》诗文卷六，上海：上海古籍出版社2015年，第303页。
[2] 徐朔方《汤显祖集全编》诗文卷十，上海：上海古籍出版社2015年，第593页。
[3] 郭棐的生平事迹，见［明］过庭训《本朝分省人物考》卷一百十一“郭棐”条，明天启刻本。

的榜样，为作《寄南京陈侍御东莞二首》[1]，又在《寄南京都察院阮君并忆陈侍御》[2]中忆及之。在前诗之二中，汤显祖称誉其为“茕茕南海珍，英英柏台俊”，表彰他“执法既星联，惠文亦霜震”，同时又为其担忧：“屠龙我亦迂，弹雀君宜慎。”但他自己后来上《论科臣辅臣疏》，却是宁狂不慎的了；那不啻“弹雀”，堪称“射鹰”，宜其“杳尔结筠心，终知契兰讯”——汤显祖真是以他为榜样的。

或许深受祁衍曾、曾人倩、郭棐等岭南挚友的影响，汤显祖到晚年仍有相处甚欢的岭南好友。如东莞的钟望，便屡屡为其赋诗致意。写他们同游的有《东莞钟宗望帅家二从正觉寺晚眺，读达师龛岩童子铭三绝，各用韵掩泪和之，不能成声》[3]；对其思乡之情，亦甚表关切，作有《九日闻钟宗望文昌桥畔思乡》[4]；临行，则屡屡陈诗，反复寄意，先后作有《宗望酒中言别二首》[5]、《送宗望

[1] 徐朔方《汤显祖集全编》诗文卷四，上海：上海古籍出版社2015年，第232页。诗曰：“赤灵耀松子，金鹓翔女床。君子懿文德，扬采其何伤。常恐浮云蔽，罗薄生秋霜。窈窕泛清瑟，威蕤援紫芳。感君零露美，有道庶皆昌。惟言坚铣质，调正玉绳光。”“茕茕南海珍，英英柏台俊。执法既星联，惠文亦霜震。神理备高奇，鉴局明冲浚。方希玄豹冥，宁徕铁骢骏。在昨既闻董，方兹逾慕蔺。揣己乏周才，在物恒愆吝。众生良匪难，烈士故有殉。安知采色渝，但觉青阳迅。屠龙我亦迂，弹雀君宜慎。杳尔结筠心，终知契兰讯。”

[2] 徐朔方《汤显祖集全编》诗文卷四，上海：上海古籍出版社2015年，第233页。诗曰：“平生喜标遇，风怀慕淹雅。天符自有真，外骨居然假。缅想神州趣，孤骞顺流下。操情常独诣，微言动高寡。诸生俨太学，弟子栖兰若。竹露冷披滴，松风细陶泻。会景多怡衍，吟成或抄写。遂有抚情人，来作知音者。相招回白眼，再顾连骢马。造语辄蝉绵，谈空并潇洒。我摇鹭羽扇，君送龙文鲊。木叶下清秋，芙蓉改朱夏。归来仲长园，萧条董生社。遨游白水南，峌岘青云野。良讯勉为酬，芳襟可重把？”

[3] 徐朔方《汤显祖集全编》诗文卷一六，上海：上海古籍出版社2015年，第962页。

[4] 徐朔方《汤显祖集全编》诗文卷一六，上海：上海古籍出版社2015年，第964页。

[5] 徐朔方《汤显祖集全编》诗文卷一六，上海：上海古籍出版社2015年，第964页。

四首》[1]。此外，还曾专为作一剧相送[2]。如此深情厚谊，实不多见。综参诸诗之意，兼揆当时情形，汤显祖辞官里居临川，钟宗望盘桓此地二秋，既不名官职，也不可能有官职，不然没有这种来去自由，没有这种思乡情切，故极有可能是来此地经商；前面已言及临川当江南与岭南商道之要衢，两地商贾往来，自是情理中事。诚如此，则汤显祖与一粤商交谊如此之深，无论是本于已有之观念，或者受岭南行之影响，均非常值得重视。

除上述知交挚友外，汤显祖交游的其他岭南士人还有不少，其中留下诗篇与尺牍的就有梁二、王学曾以及曾为兵部尚书的翁万达之子和梁兴古、袁贵竹等，看来他与岭南的情缘着实不浅。

《送南海梁二归从豫章过鄂潭寻道》大约作于作者尚未中进士出仕之前、二十八至三十岁期间。诗曰："散马玉河桥，还家赤海潮。诺龙愁媚竹，蝙蝠戏缘蕉。绿酒红尘动，青阳白日昭。天人寻八桂，云物递三苗。石户农皆去，金门我独谣。洪厓中弭节，白鹤上停箫。暂向烟空寄，俱为云族飘。因君梁父咏，还望玉清要。"[3] 充满了蛮荒的气息，同时又充满道家的气息；这从来就是并行不悖的。

汤显祖与欧大任也有交往；欧是前辈，可视为致敬。其《送欧虞部》曰："秋兴君能发，诗名众所听。登临人共远，摇落醉初醒。客鬓过梅岭，乡心到草亭。遥遥槎上客，知作老人星。"[4] 按，汤显祖万历十一年中进士，随后试政礼部，次年出为南京太常博士；徐朔方先生据《秣陵集》卷首《虞部公行状》，认为欧大任万历十年任南京工部虞衡司郎中，次年秋致仕，此诗当为万历十二年秋作。

[1] 徐朔方《汤显祖集全编》诗文卷一六，上海：上海古籍出版社2015年，第965页。
[2] ［明］汤显祖《八水庵作剧送宗望》，徐朔方《汤显祖集全编》诗文卷十六，上海：上海古籍出版社2015年，第966页。
[3] 徐朔方《汤显祖集全编》诗文卷四，上海：上海古籍出版社2015年，第218页。
[4] 徐朔方《汤显祖集全编》诗文卷七，上海：上海古籍出版社2015年，第372页。

或有误。王世贞《欧虞部桢伯归岭南诗卷序》曰：

> 南海欧桢伯守虞部郎中，于留都之三年，上书致其事归。天子为之下太宰，太宰惜其才，嚄唶者久之，而俾予告。以行命既下，而燕中之士大夫高桢伯之归者，争为诗以赠之，凡若干人。留都之士大夫率醵以饯桢伯于龙江之浒，而赠诗者若干人。既由京口入晋陵，遂抵吾吴郡，操觚而和之者又若干人。桢伯间道访余于东海，尽出箧中所有，则为诗几五百篇，文亦称是。自此而南，径钱唐，入豫章，泛彭蠡，度岭而后，叩五羊之城，其操觚之士响应而为诗者，当又不知其几也[1]。

这是亲历者的第一手材料，则其在南京三年无疑。如此，则汤诗宜系于万历十三年秋作。欧大任盛文名，与梁有誉、黎民表、吴旦、李时行并称“南园后五子”，梁有誉则为明代前后七子之“后七子”之一。

南海籍的王学曾，道行与性情都与汤显祖甚相近，堪称汤显祖直言敢谏的先行者。汤显祖曾有二诗相送。《送王比部供奉采药扶侍太夫人归粤比部故侍御殿中》曰：“白云司发桂花丛，彩袖承亲碧海东。潘岳宴林逢令节，沈郎行药正秋风。先抽美草占年乐，盛取菖蒲益帝聪。并道春祠惟坐啸，也能符遣及花骢。”[2]表彰王学曾的以孝以道。《送王比部北上光禄》则表彰其廉能刚直：

> 比部以谏取麒麟谪起。

[1] ［明］王世贞《弇州山人四部续稿》卷四十七，文渊阁四库全书本。

[2] 徐朔方《汤显祖集全编》诗文卷十，上海：上海古籍出版社2015年，第562页。徐先生系在南京作。

地迥罗浮色，天高越秀春。湖南推妙宰，江表寄时巡。
气候风云合，心期岁月申。谪官栖下雉，托讽在麒麟。
山木歌王子，湘兰见楚臣。稍迁司理后，再入典刑新。
郎署攀留久，卿才借问频。种兰初命子，行药远宁亲。
倏报迁莺喜，言调光禄珍。玄湖清帐饮，阳月暖车茵。
法酒箴何得，和羹理必均。时从大官局，斟酌叹劳薪[1]。

据徐朔方先生笺："王比部，名学曾，南海人。万历五年进士，授醴陵知县，调崇阳，擢南京湖广道御史。万历十三年十月以谏取麒麟降兴国判官。累迁南京刑部主事，召为光禄丞。万历二十一年以争三王并封忤旨削籍。见《明史》卷二三三传、《明实录》及《明史纪事本末》卷六十七。"观其再三进谏，则其儒家的廉能刚直有过于汤，而道家的恬退则逊之。

又有《送太常西署翁君归潮》，是写给前兵部尚书潮州揭阳县人翁万达之子的。徐朔方先生笺为万历十七年作。翁万达，广东揭阳人，明代广东籍名臣，《明史》本传称："嘉靖中，边臣行事适机宜，建言中肯窾者，万达称首。"殊为难得。诗虽写给其子，但多有说到他本人，故全引如下：

肃祖玄威兵积战，酋雄俺答天心见。
北阙大臣诛死多，汝好家公当一面。
金革衣冠铁林冢，诏书星火潮阳县。
苍梧起家多苦雾，紫荆过国仍微霰。
文武全材一豁披，忠孝深心两留恋。

[1] 徐朔方《汤显祖集全编》诗文卷十，上海：上海古籍出版社2015年，第604页。徐先生系在南京作。

精华宁雁尹侯书，苍茫莆海邹公传。
尚书功名星月旗，卒不封侯天子知。
有子晚入师氏学，有女远嫁邹公儿。
邹君与我长安道，凤池莲府非其好。
公子参军亦何有，得薄南常转风操。
亲祧朔食每经过，帝寝年华多祭告。
素王自合钟球礼，元勋略受丹青报。
稍迁清秩奉春祠，得侍玄都观羽翮。
三年奏最自公府，四十为郎岂高蹈。
君当勉为太夫人，姊婿中书足鸾诰。
谁知即作罗浮游，咫尺云涛春浩浩。
归攀桃李惜罗裙，却过金城树紫芬。
终当一出临边郡，且学图南候海云[1]。

详诗意，当是出身高门的翁君，本应前途无量，或因小过，被迫打道还乡。其父当年的遭遇也颇能说明问题；诗中也正有多写其事迹。据徐朔方先生的笺注，明世宗嘉靖二十九年，蒙古俺答部入侵，直迫北京。兵部尚书丁汝夔、巡抚侍郎杨守谦弃市，即以翁万达为兵部尚书。时翁丁父忧在籍，去北京八千里，倍道行，四十日乃至。为严嵩所谗，降兵部右侍郎兼右佥都御史，经略紫荆诸关。嘉靖三十年以微过斥为民。嘉靖三十一年复起兵部尚书，未闻命卒。从来岭南人在朝中，无帮派势力援引，不易高升，反易动辄得咎。汤显祖颇知此节，诗文中屡有感叹。

万历十七年己丑，汤显祖在南京吏部尚书王弘诲那里看到一组

[1] 徐朔方《汤显祖集全编》诗文卷九，上海：上海古籍出版社2015年，第473—474页。

王弘诲故乡海南定安的山水形胜图，大感兴趣，为作《定安五胜诗》，并冠以小序曰：“敬睹缥录大宗伯王公仙居琼海定安山水，奥丽鸿清，条为五胜，颇存咏思。某虽性晦天海，神悬仁智，至如幽探阴采，常为欣言。不觉忘其滓怀，永彼高踢云尔。”[1] 定安与徐闻隔海相望，后来他谪居徐闻，泛游琼海，这或是一个渊源。王弘诲（1541—1617），字绍传，号忠铭，广东琼州府定安县（今属海南省）人。嘉靖四十四年进士，历任庶吉士、翰林院检讨、编修、会试同考官、国子监祭酒、南京吏部右侍郎、南京礼部尚书等，为官贤能清正，卒赠太子少保，赐祭葬。著有《尚友堂稿》《吴越游记》《天池草》《来鹤轩集》《南溟奇甸录》《南礼奏牍》《文字谈苑》等名篇。

因为这诸般的岭南情缘，所以汤显祖到岭南，有时便有一种宾至如归的感觉。比如他纵游罗浮，“速令尹崔子玉[2] 于南海，迟文学翟从先于东莞”便成自然之事。对这些情缘的考察，对于我们了解和体察汤显祖岭南之行的心态，及其对于汤显祖后来戏剧创作的影响，都是必要的和有益的。

---

[1] 徐朔方《汤显祖集全编》诗文卷九，上海：上海古籍出版社2015年，第475页。徐先生系弃官家居作，于汤显祖四十至四十二岁间。

[2] 按：这里的崔子玉，或即前述的崔肖玉的刊刻之误。

第二章

岭南行程考述

基于岭南经济文化的发展，以及与内地经济文化交流的深入，贬谪岭南，不会再像以前那样被视为投荒万死的畏途，反而甚至“乐官其地”。如嘉靖四十四年往游岭南的安徽休宁人叶权说：

> 岭南昔号瘴乡，非流人逐客不至。今观其岭，不及吴越间低小者，其下青松表道，豁然宽敞。南安至南雄，名为百二十里，早起半日可达，仕宦乐官其地，商贾愿出其途。余里中人岁一二至，未尝有触瘴气而死者，即他官长可知。何昔之难而今之易也？意者古昔升平，大抵不满百年，即南北阻隔。自南雄达省城，群蛮出没，无他陆路，舟行艰难，往来者少，故山岚之气盛，如大室久虚，即阴沉不可住，况山川有灵气者耶？客子在途，心摇摇多畏恐，触之而病，宜矣。我朝自平广以来，迨今承平二百年，海内一家，岭间车马相接，河上舟船相望，

人气盛而山毒消，理也[1]。

再从上一章我们对汤显祖与岭南的夙缘等的考述看，他更不会有太多这方面的担心。当然，这个过程中，在诗文里仍然会表现出一些悲愁，但与其说是因为岭南的炎瘴，毋宁说是因为贬谪的打击。但总的来说，汤显祖还是能做到泰然处之的。所以，当许多朋友为他贬官而担心时，而他却"夷然不屑，曰：吾生平梦浮丘罗浮、擎雷大蓬、葛洪丹井、马伏波铜柱而不可得，得假一尉，了此夙愿，何必减陆贾使南粤哉！"[2] 从他后面的行程看，并非强颜大言。

[1] ［明］叶权《贤博篇·游岭南记》，北京：中华书局1987年，第41页。
[2] ［明］邹迪光《临川汤先生传》，徐朔方《汤显祖集全编》附录，上海：上海古籍出版社2015年，第3138页。

第一节　低回故乡路

不管如何超然自释，被贬徐闻，终究是汤显祖入仕以来最大的挫折，也是其人生中最重要的事件之一，于其心理的冲击可以想见；虽忍蔽于日常言辞，而偶泄于梦中场景——《辛卯夏谪尉雷阳，归自南都，痁疟甚，梦如破屋中，月光细碎黯淡，觉自身长仅尺，摸索门户急不可得，忽家尊一唤，霍然汗醒》：

病枕魂销月影微，抛残家舍欲何之。
恰逢慈父呼亡子，得见三三二二时。

梦中沉似月黄昏，破屋踉跄苦索门。
幸好家公与留住，不须炎海更招魂[1]。

事实上，炎海并不那么可畏，可畏的，是自己的心绪。贬谪之后，

[1] 徐朔方《汤显祖集全编》诗文卷一一，上海：上海古籍出版社2015年，第620页。

前此所作的一首是《谪尉过钱塘得姜守冲宴方太守诗凄然成韵》[1]。详诗意，并参徐朔方先生的笺释，当是在回乡经过皖南某地时，读到一首九年前（万历十年）在杭州任通判的老朋友姜守冲所写的关于宴请其知府方扬的诗，又回想到万历四年游安徽宣城水阳时，与时任宣城知县的姜守冲及当地俊彦沈懋学、梅鼎祚的聚会，今自己遭贬，而沈氏已逝，诚所谓生离死别，凄然无置。

汤显祖万历十九年五月十六被贬后，因为并未确定贬所，便先回临川小住休整，一边等待刘应秋在贬官的凭单到达南京吏部后托人捎来。虽然凭单七月初七即下到南京，但汤显祖因病，拖到九月初才正式起程。回到家后，适逢同乡好友丁此吕由陕西副使庄浪备兵升任浙江海道副使，为其带来了西域的枸杞、葡萄等，颇获慰藉，感而赋长诗《尉徐闻抵家直丁侍御庄浪备兵迁越归觐远遗西物却寄三十韵》：

地脉阳关远，天心雪岭高。何年金狄巧，入夜羽书劳。

---

[1] 徐朔方编《汤显祖集全编》诗文卷一一，上海：上海古籍出版社2015年，第621页。诗曰：“旅客如吴会，同人在水阳。笑回花压帽，泣别酒沾裳。献赋登枚子，修文下沈郎。暮云春谷冷，秋草敬亭荒。独叹题舆此，曾邀数骑将。风期行荏苒，月旦坐游扬。戏出馨儿语，鲜传荔子尝。雨斋深蟋蟀，晴槛浅鸳鸯。共梦常千里，相思偶一方。尚持心胆素，稀觉鬓颜苍。道旧才难尽，看新意易伤。礼卑存授简，兴剧俨垂堂。掷地诗摇卷，兼春墨吐香。烟霞移几阁，山水过舟航。南屏钟初断，西冷漏不妨。语经吴署俊，色带海云长。市筑留还侠，舆歌接似狂。魂来多白岳，人去独沧浪。别驾诚高韵，同官雅和章。朗音双叩锻，陈事一凄锵。自愧纷吾久，还疑向若茫。文章倾御魅，意气尽投湘。罢读尘经笥，慵书冷笔状。今朝擘瑶草，还自惜余芳。”徐朔方先生笺曰：“据《杭州府志》卷一百，姜守冲名奇方，万历十年任杭州通判，当时歙县人方扬任知府。又据汤氏的至亲好友刘应秋《刘大司成集》卷十四《与汤若士》，汤氏于该年五月间离开南京，溯长江而上，经皖南，取道鄱阳湖回临川。刘应秋曾收到汤氏自采石、芜湖、南陵、青阳等地寄出的快多封，这时汤氏不可能同时经过钱塘。诗题当作《谪尉过□□，得姜守冲钱塘宴方太守诗，悽然成韵》，□□指皖南一个地名。”

张翊愁临水，王琼戏筑壕。传闻逼通渭，不拟过临洮。
诏蜀丁都护，巡秦汉节旄。绣衣分俨雅，团扇失腥臊。
古浪乌稍迥，长城豹镇牢。善骑宛白马，能送海青绦。
芳树凝笳入，真珠卷帐逃。雄文三楚客，醉色五陵豪。
冻拭青砥砚，春抛碧玉搔。燕支歌冷淡，胡旋舞周遭。
独将危班远，谁怜放窦滔。年华依赠纻，心事与同袍。
似语长沙鹏，初漂涨海鳌。三秋余病枕，万里脱词曹。
赤水蛟龙影，炎州翡翠毛。月低枝鹊绕，风细岭猿号。
故国罗浮梦，新州古佛毫。尉留雷部隐，兵过海门操。
月屿珠为烛，星岩燕拍篙。苍梧韶奏谒，白雪郢沉骚。
岭树天犹漏，皋兰汉欲鏖。白河回鸟阵，青海送龙弢。
舞换征衣彩，归将王母桃。荧荧分枸杞，琐琐寄葡萄。
远致缄重复，幽迁慰郁陶。尊慈乘健饭，越骑仰投醪。
春汛新移炸，宵光宿佩刀。浙江秋色好，兄弟欲观涛[1]。

丁此吕因直言敢谏，屡迁屡贬；其官陕西，乃是谪戍边疆。所以，方此之际，真是“年华依赠纻，心事与同袍”了。但是，汤、吕毕竟不是萦怀于个人得失而不解之辈，故极言边塞之雄的同时，也纵写岭海之奇——鹊鸣猿号的悲凉之中，也有蛟龙翠鸟之珍物，更有月屿珠烛与星岩篙燕之奇景，还有罗浮之道与新州之佛之慰藉。这也隐示即将到来的岭南之行，问道礼佛，将是重要的内容。

九月初，从家乡起程南下前，作《将之广留别姜丈》：“世事亦不浅，幽期常自深。风霞余物色，山水澹人心。一尉云连海，孤

[1] 徐朔方《汤显祖集全编》诗文卷一一，上海：上海古籍出版社2015年，第621—622页。

生月在林。悠悠岁将晚，随意惜光阴。”[1]心情还是很平静的。但面对自己一起长大不忍分别的挚友，还是无法抑止的忧伤：

> 江潭殊自叹，摇落未经知。昨夜秋声起，相逢憔悴时。
> 园林阻芳色，河汉渺佳期。起视浮云色，苍梧不可思[2]。

而从诗的结句“起视浮云色，苍梧不可思”里，我们可以窥知，汤显祖并不是或者并不仅仅是汲汲于个人命运的悲伤，而是感叹于自己致君尧舜的宏图大志受沮，因为浮云蔽日的意象，常用来比喻皇上或朝政为奸臣小人所蒙蔽或操弄，苍梧意象则因舜“南巡狩，崩于苍梧之野，葬于江南九疑”[3]，而成为虞舜的象征，儒家士大夫的情结。

既不囿于小我的悲欢，因此起程后所作的第一首诗《初发瑶湖次宿广溪》，虽充满了离别的忧伤，也有着新奇的向往：“外家依广下，中国向穷边。盱赣江连峡，雷琼海隔天……”[4]异日的泛舟琼海，似乎早在规划之中了。途中，还专门前往从姑山凭吊恩师罗汝芳；时罗汝芳逝世已三年。有念及此，则贬谪何足轻重？——“世上浮沉何足问，座中生死一长嗟。”唯有道心相悬解：“欲过麻源问清浅，还从勾漏访丹砂。”[5]沿途寻访旧友，依依惜别。至建昌，与益藩内史别，作《侍宸殿赠益藩老内史》，结句曰：“并道淮王好宾客，麻姑真作酒如泉。”虽是酬酢之作，也是以道自慰[6]。

---

[1] 徐朔方《汤显祖集全编》诗文卷一一，上海：上海古籍出版社2015年，第624页。

[2] ［明］汤显祖《秋夜入广别帅郎》，徐朔方《汤显祖集全编》诗文卷一一，上海：上海古籍出版社2015年，第625页。

[3] ［汉］司马迁《史记》卷一，北京：中华书局2009年，第5页。

[4] 徐朔方《汤显祖集全编》诗文卷一一，上海：上海古籍出版社2015年，第626页。

[5] 徐朔方《汤显祖集全编》诗文卷一一，上海：上海古籍出版社2015年，第627页。

[6] 徐朔方《汤显祖集全编》诗文卷一一，上海：上海古籍出版社2015年，第628页。

到了赣州，登上城西南的郁孤台，作《郁孤台留别黄郡公钟梅，时李本宁参知引病并怀》，仿佛一首游仙诗。赣州地近岭南，诗中也有反映："原泉迴豫章，云气连苍梧。岭海轩棂闻，远势若可呼。"[1] 而其以苍梧表征岭南，则别有意味。因为传统的苍梧之地，在湘桂之边，相去粤赣还是比较远的；以苍梧泛指岭南，当是其儒家致君尧舜情结的影响吧。随后下郁孤台，至虔南津（渡）口，则是直驶岭南了："风物想南都，波涛向东粤。晨登郁孤台，苍茫度城阙……"[2]

舟行告尽，须越岭至粤。随着展开翻越大庾岭的行程，家乡故旧就渐行渐远，离思也越来越浓，作《秋发庾岭》诗："枫叶沾秋影，凉蝉隐夕晖。梧云初晻霭，花露欲霏微。岭色随行棹，江光满客衣。徘徊今夜月，孤鹊正南飞。"[3] 同时也更怀念在南京的同僚好友，为作《杪秋度岭，却寄御史大夫朱公王弘阳大理董巢雄光禄刘兑阳司业邹南皋比部五君子金陵》：

> 素秩守山陵，积岁在星祠。如何别君子，垂云籁天池。
> 清斋出凉门，尊酒各前辞。婉彼苍梧奏，澹然潇湘姿。
> 迴风吹木兰，寒生青桂枝。冥冥水波远，日暮心欲悲。
> 宫阙有明云，嵯峨气依微。五岭望超忽，丛山阻游夷。
> 虫豸夹我吟，翡翠拂兰漪。所思一个臣，叹息绵蛮诗。
> 何当叫我友，凌风以高驰。问路逢流星，寄言河汉私。

[1] 徐朔方《汤显祖集全编》诗文卷一一，上海：上海古籍出版社2015年，第629页。
[2] ［明］汤显祖《虔南津口得黄郡公扇头明月却谢》，徐朔方《汤显祖集全编》诗文卷一一，上海：上海古籍出版社2015年，第630页。
[3] 徐朔方《汤显祖集全编》诗文卷一一，上海：上海古籍出版社2015年，第632页。

闵嘿路方始，婵娟知为谁？千秋有佳期，百年安所希[1]。

汤显祖九月初从故乡出发，至此已是“杪秋”，即九月底，行程近一个月，尚未出江西入广东，一路拜访凭吊，真是不急于行，更是缠绵低回，不忍于行。可资比较的是，十年之后，万历二十九年，王临亨“虑因岭南”，正月初五从家乡吴江出发，正月二十二过江西进贤，进贤远在临川以北，二月初二早晨即登上了梅岭；过进贤后还因病耽搁数日[2]。以此相衡，从临川抵梅岭南，正常情况下，不需十日。待到登上梅岭，则正式告别故乡，告别江南，进入岭南，近于贬所，离愁别绪，千般滋味，一时不知所云，仿佛那无语枯禅：“马鸣牛呵三车地，水击云摇万里天。解向江南传信息，梅花岭上一枯禅。”[3]

[1] 徐朔方《汤显祖集全编》诗文卷一一，上海：上海古籍出版社2015年，第632—633页。

[2] [明] 王临亨《粤剑篇》卷四《志游览》，北京：中华书局1987年，第94—95页。

[3] [明] 汤显祖《梅花岭立僧》，徐朔方《汤显祖集全编》诗文卷一一，上海：上海古籍出版社2015年，第631页。

第二节　梅岭翻新篇

一旦翻过梅岭，汤显祖仿佛同时也把他的离情别绪翻了过去。他开始印证他的岭南想象，描述他的岭南印象；岭南的山川形胜，大不同的社会风习，作为唯一对外的贸易口岸形成的特殊经济形态，无不使其感到新奇和兴奋。特别是罗浮山作为道教圣地、广州作为佛教西来初地、新州作为六祖惠能的故乡、南华寺作为禅宗的祖庭，更使他感到无限的慰藉。所以，此后的一路经行，堪称快意之旅，写下了一首首充满欢乐情绪的行旅诗篇。这也是友人所期许的："岭徼山川有灵，假重奇游，一经品题，便称佳丽。此不为义仍多。江门坛盂，能者衣钵，倘有存者乎？ 辙迹所过，益得闻所未闻。造物所以厚兄也。"[1]意思是说，岭南山川有灵，是在等待汤显祖来题咏，以便成为佳丽名胜。这对于汤显祖来说，还算不得什么；更重要的是，还有陈献章与惠能——陈献章开创白沙心学，堪称导夫阳明（心学）先路；惠能开创南宗禅，更是中国禅宗史乃佛教史和思想史上的划时代事件——追寻他们的流风遗韵，也足以让他此行不虚，大有收获。

据明人黄汴《一统路程图记》"湖口县由江西城至广东水路"

[1] ［明］刘应秋《与汤若士》，毛效同《汤显祖研究资料汇编》，上海：上海古籍出版社1986年，第202页。

所示，汤显祖入粤行程当为：

南安府大庾县横浦驿—过大庾岭，即梅岭—中站，即红梅关—六十里南雄府保昌县凌江驿下水—鹅颈滩（共九十里）—黄塘驿—黎壁滩—撑腰滩—过路滩—蛇潭滩—鸡爪滩—云屯滩—渊鱼滩—天子地—五指滩—黄塘角—始兴县水口—懒步滩—银筋滩（湾险）—金匙滩—马战滩—青塘滩—中塘滩—冷田滩—麻羊四滩—台角滩—鸡笼滩—苏度硬滩—牛脚勘滩—转风滩—新妇滩—中洲纂滩（共一百里）—平圃驿—挂榜山—柳州坡滩—下泻油滩—上卷尾滩—仁化县水口—九里十三坡—九思滩—打顿滩—辣石滩—茶头滩(张九龄祠、墓，金丞相庙，共百里）—韶州府曲江县芙蓉驿—洗马滩—磨面滩—河西口滩—大小宫滩—白芒滩—老虎口—掘头硬滩—赤水滩—毛洲尾滩—中流角滩（西入乳源县）—虎榜山—曹溪水滩（东入六祖南华寺）—下窑尾滩—乱石滩—中挂滩—黄茅峡滩—子篙滩—果滩(共一百里)—濛浬驿—月华滩(险)—芦席角滩—泻洒滩—磨刀滩—弹子矶—狮子角滩—五婆城滩—清浔滩—五王滩（有五官庙，共一百里）—清溪驿—清溪角滩（险）—箭迳滩—粉团滩—龙头硬滩—三板滩—金鸡石滩（观音山）—翻风燕滩—太平滩—合洲滩—菜洲滩（共一百里）—英德县浈阳驿（有夜船至省，东入翁源县）—浪石滩—大小银瓶二滩—钓丝滩—浈阳滩—浈阳峡—洸口（巡司）—星子镇水口（西去连州）—香炉峡—大庙峡（共一里廿里）—横石矶驿—九十里清远峡—清远县安远驿—六十里回岐驿—六十里胥江驿—九十里官窑驿—八十里广州府五羊驿—怀远驿（为夷人所设）[1]。

按图索诗，我们不妨沿此行程路线图，追寻汤显祖为岭南山水所题下的美丽诗篇。

汤显祖在保昌凌江驿下水舟行，有《保昌下水》诗："乱石水溅溅，绫江下濑船。撑腰过黎壁，才得小翩旋。"[2]"绫江"当为"凌江"之误。保昌，即今广东南雄。接下来，徐朔方先生系时诗继以《始兴舟中》："石墨画眉春色开，有人江上寄愁回。转风湾底曾回烛，新妇滩前一咏梅。"[3]诗中有"新妇滩"，在"金匙滩"之后，当先继以《夜泊金匙》[4]；又转风滩接以新妇滩，诗中"转风湾"或"转风滩"之误。在《夜泊金匙》中，"从祠海客饶歌舞"，是极其新鲜的意象。金匙并不是这条商旅要道上的重要驿站或知名城镇，却仍充满了"海客"——当然不会是海外客商，应该是往来广东从事与夷商所需求的商品买卖的客商；其歌舞之盛，或有别于传统的戏曲表演，是某种轻快的观众易于参与的地方歌舞，至于具体形态如何，颇堪玩味。

继后，过九里十三坡，作《九里》："九里十三坡，沉沉烟翠多。钓台何用筑，吾自泛清波。"[5]过打顿滩，作《打顿》诗："昨夕波罗峡，今宵打顿滩。独眠秋色里，残月下风湍。"[6]无不欢快。

---

[1] 杨正泰校点，载所著《明代驿站考》（增订本），上海：上海古籍出版社2006年，第208页。

[2] 徐朔方《汤显祖集全编》诗文卷一一，上海：上海古籍出版社2015年，第635页。

[3] 徐朔方《汤显祖集全编》诗文卷一一，上海：上海古籍出版社2015年，第635页。

[4] 徐朔方《汤显祖集全编》诗文卷一一，上海：上海古籍出版社2015年，第635页。诗曰："凉日萧萧懒步滩，扁舟黄叶映秋残。从祠海客饶歌舞，银筋金匙醉不难。"

[5] 徐朔方《汤显祖集全编》诗文卷一一，上海：上海古籍出版社2015年，第636页。

[6] 徐朔方《汤显祖集全编》诗文卷一一，上海：上海古籍出版社2015年，第636页。

不过徐朔方先生作笺系时先后颠倒了，把《打顿》放在了《九里》之前。近曲江，过韶石，作《韶石》诗："舜帝南巡日，传闻此地回。秋风响灵峡，还似凤飞来。谒帝苍梧道，行歌赤水滨。乐昌好鸣磬，能待有心人。五月奏南熏，千秋仰白云。可怜箫管韵，不得到徐闻。大圣虚忘味，何曾到海崖。今朝抚韶石，直似见重华。"[1]韶石的虞舜历史积淀，再一次激起了诗人作为儒家士大夫"致君尧舜"的情怀[2]。"可怜箫管韵，不得到徐闻"则是其对于徐闻相对蛮荒的想象；到任后建贵生书院，致力当地的教化，于此可见渊源。"大圣虚忘味，何曾到海崖"，则又以道家的"虚忘"自解自慰，或亦对于贬谪之身难以大有作为的自嘲。

再前行，过曲江，有《曲江》诗："古驿芙蓉外，烟林晴欲开。曲江秋色晚，木末几徘徊。"[3]夜泊韶阳，有《韶阳夜泊》诗："秋光远送芙蓉驿，乱石还过打顿滩。独棹青灯红树里，露华高枕曲江寒。"[4]再经中流角滩，《一统路程图记》注曰："西入乳源县"；《乳源道中》当此间作："洞壑千阑滴乳源，湘州一迳古梅村。九仙西北何灵气？袅袅风云长出门。"[5]徐先生系时于《曹溪》之后，恐非是。再下去才是曹溪水滩，汤显祖有《曹溪》诗："热海行难到，黄梅渴未沾。无因四千里，分取一杯甜。"[6]《一统路程图记》

---

[1] 徐朔方《汤显祖集全编》诗文卷一一，上海：上海古籍出版社2015年，第637页。徐笺：韶石，在曲江城东北六十里，相传舜帝南巡，于此作韶乐。

[2] ［宋］王象之《舆地纪胜》卷九十"广南东路·韶州·风俗形胜"条曰："韶在番禺之北，去天子治所三千余里（余靖《修州衙记》）。控扼五岭，韶为交冲（同上）。虞舜南巡，奏乐于此。郡有贵迹，因山得名（同上）。唇齿江湘，咽喉交广（同上）。虞舜南狩苍梧，九韶之乐奏于石上（余靖《韶石亭记》）。"清影宋钞本。

[3] 徐朔方《汤显祖集全编》诗文卷一一，上海：上海古籍出版社2015年，第638页。

[4] 徐朔方《汤显祖集全编》诗文卷一一，上海：上海古籍出版社2015年，第638页。

[5] 徐朔方《汤显祖集全编》诗文卷一一，上海：上海古籍出版社2015年，第639页。

[6] 徐朔方《汤显祖集全编》诗文卷一一，上海：上海古籍出版社2015年，第639页。徐笺：曹溪，在曲江东南五十里。

于曹溪水滩附注曰“东入六祖南华寺”，汤显祖当于此停舟登岸，往谒南华，有《南华寺二首》：

和尚坐具几许阔，生龙白象粉来趋。
西天宝林只如此，上有菩提树一株。

寂寂宝林双树寒，一花千叶向中安。
新州百姓能如此，惭愧浮生是宰官[1]。

徐先生将此诗系时较后，并作笺曰：“新州，今广东新兴县。新兴是否另有一寺名南华，不详。”徐先生当认为此诗作于新州，恐非是，因为远离汤显祖去往徐闻的道路。新州是惠能的故乡，有国恩寺，无南华寺。诗句“新州百姓能如此，惭愧浮生是宰官”，指新州百姓出身的惠能，能够开创南宗禅，济世拯民，自己作为宰官，而难有作为，实感惭愧。国恩寺是惠能坐化之地，南华寺是惠能驻锡弘法道场，唐中宗曾敕额，后为惠能真身奉藏之地，扬名于今。南华寺在韶州曲江，为汤显祖南贬经行之地；徐先生因为“新州”一词，未加细审，以为新州另有南华寺。

从曹溪水滩前行，过子篙滩、濛浬驿，作《子篙滩》：“落日从中挂，烟霏生暮寒。山含濛浬驿，波泻月华滩。”[2] 再过凭头滩、泻洒滩，分别作《凭头滩》：“南飞此孤影，箐峭行人稀。鸟口滩边立，前头弹子矶。”[3]《泻洒滩》：“泻洒英州路，中藏弹子村。澄潭叠屏嶂，巉绝两天门。”[4] 至此，则已入英州（今英德县）

[1] 徐朔方《汤显祖集全编》诗文卷一一，上海：上海古籍出版社2015年，第646页。
[2] 徐朔方《汤显祖集全编》诗文卷一一，上海：上海古籍出版社2015年，第639页。
[3] 徐朔方《汤显祖集全编》诗文卷一一，上海：上海古籍出版社2015年，第640页。
[4] 徐朔方《汤显祖集全编》诗文卷一一，上海：上海古籍出版社2015年，第641页。

地界了。据诗中所涉地名，《英德水》当此间作：“濛浬炊烟湿，矶头弹子圆。回帆双白鸟，欹枕一晴川。”[1]不宜如徐先生系时过后。

继续前行，经观音山，当有停舟登岸，参访观世洞，作《观世洞》：“山似普陀小，人依大士清。洞中金碧响，门外摘篙声。”徐笺：“观世洞，在英德县东三十五里。”[2]十年之后，王临亨“虑囚岭南”，入粤后首次弃舟登岸游览之地正是观音山，并纪曰：“山在清溪、英德之半。江畔一峰怒起，高可二百余丈，横过之石从中裂，缘石磴可百级而上……”[3]再前行为翻风燕滩，有诗《翻风燕滩》：“掠水春自惊，绕塘秋不见。漠漠浪花飘，一似翻风燕。”[4]再前行为英德县浈阳驿，《一统路程图记》注曰：“有夜船至省，东入翁源县。”汤显祖当由此转游翁源之翁山等名胜；所作《翁源灵池口号》[5]显系登临即景所作。徐朔方先生系时或当误。据《（嘉靖）翁源县志》：“翁山，去县东一百六十里，高耸秀拔，顶有灵池，古名灵池山。其泉有八，曰涌泉、温泉、香泉、甘泉、震泉、龙泉、玉泉、乳泉，四时不涸。《文献庙碑》云：‘八泉会而为池。’即此也。《图经》云：‘昔有二仙翁，游息于此，庞眉皓发，樵者或时见之。居民饮其水者多寿，故山名翁山，水名翁水。后县亦以此名。又曰西眉山，亦是也。”[6]

游翁源前后，夜宿浈阳驿，梦获挚友周宗镐死讯：“去大梅之南，夜梦镐来告别，指伯宗之旧馆曰：‘镐其如是矣。’予惊而晤曰：‘有是耶！’起而发烛踟伫，为赋而哀之。”赋中点出了具体时间地点：“九日登予于盱姥，十月遭予于浈阳。忽周君

---

[1] 徐朔方《汤显祖集全编》诗文卷一一，上海：上海古籍出版社2015年，第641页。

[2] 徐朔方《汤显祖集全编》诗文卷一一，上海：上海古籍出版社2015年，第641页。

[3] ［明］王临亨《粤剑篇》卷四《纪行二》，北京：中华书局1987年，第97页。

[4] 徐朔方《汤显祖集全编》诗文卷一一，上海：上海古籍出版社2015年，第642页。

[5] 徐朔方《汤显祖集全编》诗文卷一一，上海：上海古籍出版社2015年，第644页。诗曰：“出震甘泉涌，温季乳玉龙。如何两仙老，不作两仙童？”

[6] 山川条，明乌丝阑钞本。

兮见梦，俨颜髯之秀苍。指伯宗之旧居，望白云而歌商。呜呼已矣，其亡其亡。”[1]然而，锥心之痛，也不能抑止汤显祖对沿途胜景的抒写，足见其岭南之行是何等的快意。

出浈阳驿，经浪石滩，作《浪石滩》诗：“雨湿浈阳暮，风鸣浪石寒。鸬鹚飞不起，横过钓丝滩。”[2]过了浪石滩，经大小银瓶二滩、钓丝滩、浈阳滩、浈阳峡，有《浈阳峡》诗：“窈窕香炉峡，玲珑皋石山。翠禽回浪急，玄狖接峰间。”[3]浈阳峡十分险峻。《（道光）英德县志》称：“浈阳峡在县南二十五里，崖壁千仞，猿狖所不能游。”[4]明初官拜右丞相爵封忠勤伯的著名诗人汪广洋，南贬广东途经此处，亦有《浈阳峡》诗：“洒面凉风吹酒醒，野猿长啸树冥冥。短篷已过浈阳峡，两岸云山不断青。”[5]出浈阳峡，前行洸口至星子镇水口（今属连州）一带都比较平缓，洸口还设有巡检司。随后则又进入峡江地带，香炉峡接大庙峡。汤显祖《大庙峡》：“飘渺香炉峡，雪祠山翠中。蛮歌听不见，丛竹暮江风。”[6]徐朔方先生系时于浈阳峡之前，误。清代著名学者杭世骏由清远中宿峡溯舟北上，进入大庙峡，顿觉险峻远甚中宿，作《大庙峡》诗以纪：

亭午泊中宿，已信江路狭。斜阳弄曛黄，迤入大庙峡。
瀺灂几派冲，巀嵲两峰夹。横崖窥客舟，仰首黑云压。
颇疑蛟龙宫，石柱颠倒插。怪石巧遮拦，层递俨置闸。
缘坡被菅茅，过岭叫鸭颊。冬江风景殊，喜值我来恰。

[1] 徐朔方《汤显祖集全编》诗文卷一一，上海：上海古籍出版社2015年，第630页。
[2] 徐朔方《汤显祖集全编》诗文卷一一，上海：上海古籍出版社2015年，第642页。
[3] 徐朔方《汤显祖集全编》诗文卷一一，上海：上海古籍出版社2015年，第643页。
[4] ［清］刘济宽《英德县志》卷四，清道光二十三年刻本。
[5] ［明］汪广洋《凤池吟稿》卷十，明万历刻本。
[6] 徐朔方《汤显祖集全编》诗文卷一一，上海：上海古籍出版社2015年，第643页。

舟师仄足行，背缆贴山胁。捷如倒饮猿，肩臂自相接。

须臾下平冈，出险才一霎。平生慕飞仙，焉得终日挟[1]。

由杭诗，亦可知过大庙峡前行即至清远峡，据《一统路程图记》，两地相距九十里。清远峡，亦即峡山[2]，又名中宿峡，为道教十九福地。上有飞来寺[3]。或许因为是入岭南来的首个道教胜地，汤显祖在此盘桓久之，颇有吟咏。先抵峡山上游的白泡潭，作《峡山上七里泡潭，为易名绀花》："树光吹峡雨，苔色动江霞。泡影非全白，沾衣作绀花。"[4]至峡山，更是纵游饱览，作有《飞来寺泉》[5]、《登飞来寺右绝岭》[6]。详《飞来寺泉》诗意，《过峡山微病示南华僧》当游寺后作：

叠岫澄潭开夕氛，登临水木湛氤氲。

[1] ［清］龚耿光《佛冈厅志》卷四，清咸丰元年刻本。

[2] ［清］余凤声《清远县志》卷五曰："峡山，一曰清远峡。"民国二十六年铅印本。

[3] ［清］戴肇辰《广州府志》卷十二曰："峡山，在城东三十里，一名中宿峡。上有飞来寺，即广庆寺，梁普通间建。名山胜境，为道书十九福地。……谭子和《海峤志》云，二月、五月、八月，有潮上二禺峡，逐浪返五羊，一宿而至，故曰中宿。"清光绪五年刊本。

[4] 徐朔方《汤显祖集全编》诗文卷一一，上海：上海古籍出版社2015年，第644页。［清］李文烜《（光绪）清远县志》卷三曰："白泡潭，在峡山上流六七里。"清光绪六年刊本。

[5] 徐朔方《汤显祖集全编》诗文卷一一，上海：上海古籍出版社2015年，第647页。诗曰："峡山云气深，松楠糁苍径。缥幡绕屏翠，阑干抵一凭。山僧日影过，禅房点清磬。窅尔寒泉下，冷然惬孤听。近音风叶洒，远韵苍梧应。小品甘露华，长流水晶莹。曹溪脉阴引，炎冈冰欲凝。稍动寒浆色，雅与斋厨称。花木恣涓滴，竹杪通余滕。经声法流涌，猿吟峡僧定。瓶钵住空影，寻常倾最胜。何意热中人，洒落飞来兴！"

[6] 徐朔方《汤显祖集全编》诗文卷一一，上海：上海古籍出版社2015年，第648页。诗曰："极目缥幡外，飞峰并欲番飞。日光榕树岭，青色大莲村。"

林前晓拂诸天乐，池上晴飞初地云。
帝子神游香殿出，道人心定玉泉分。
曹溪一滴能消疾，何用丹砂就葛君？[1]

从前面的《南华寺二首》，到这里的两首关于佛教的诗歌看，崇道的汤显祖对佛教并无多少礼敬之情，还明显地表现出崇道轻佛的意味——“曹溪一滴能消疾，何用丹砂就葛君？”

徐朔方先生笺《飞来寺泉》曰：“飞来寺，在今广东清远县峡山至回岐驿间。”不确。峡山寺正在峡山上，前已举例证。再举如《（光绪）清远县志》：“峡山在城东三十里，一名中宿峡，崇山峻峙，中通江流。上有飞来寺，即广庆寺，梁普通间建，名山胜境，为道书十九福地。”[2] 编《古文观止》的吴楚材，曾为阳山县令，有《游峡山记》，言峡山与峡山寺的关系最切实。记曰：

清远县北三十里，有峡，长可十里许。两山对峙，束湞湟二水而注之海，海潮至此，一宿而还五羊，故谓之中宿峡。见东汉谭子和《海峤志》。世传黄帝二庶子，长太禺，次仲阳，采竹协凤凰之律，降居南海，是为姬姓。常感五羊之瑞。帝既上仙，禺居峡南，阳居峡北，故又谓二禺山。按《山海经》云：南禺之山，鹓鸰是出。黄宫詹才伯以为峡即二禺，世乃称之曰清远峡。已更以飞来寺着云。飞来寺者，旧志，梁普通元年，峡有二神人，化为居士，诣舒州，请贞俊禅师移住此山，夜半以佛殿飞来其一角，挂庾岭为云峰寺。事闻，赐峡山寺额，

[1] 徐朔方《汤显祖集全编》诗文卷一一，上海：上海古籍出版社2015年，第645页。
[2] ［清］李文烜《（光绪）清远县志》卷三，台北：成文出版社有限公司1967年，第30页。

曰至德，宋康定更赐飞来……[1]

峡山既又名清远峡，然汤显祖并无一语及“清远峡”之名，而今之不少学者，认为其“清远道人”之号得之于清远峡，非也[2]。据明万时华《书谭友夏文》，此名直接得之于其堂名：“汤临川先生尝额其堂曰‘清远’，因自命‘清远道人’。”复从文章的角度阐述“清远”之义谛：“余甚旨其言。乃友夏之品先生文，亦曰澹，曰远；曰澹，则远矣。余申之曰：‘清，故澹，澹故远。天宇晶而浮碧，清之澹也；遥山抹而横黛，澹之远也。’”[3] 这“清远堂”显系其早年读书的堂号，后期所筑为玉茗堂。而汤氏之所以以“清远”额其堂，文章追求是表，道心追求是里，当然或许还有直接的诱因，那就是临川有清远驿，曾是吟咏的触媒。据清许鸣盘《方舆考证》：“清远驿在县北，宋置。《九域志》：临川有界山、丰安、长林、清远四镇。《程舆记》：自驿而北，六十里即南昌府境。”[4] 汤显祖的抚州先贤、官至元参知政事的元末明初著名文人危素，有《过清远驿》诗曰：“云满故乡芳草迷，江东江西人别离。征舡几日洪都去，清远驿前听子规。”[5]

前行至清远，还有酬酢唱和，作有《清远送客过零陵》：“清远江前唱竹枝，香炉峡口暮风吹。看君不尽愁云色，直望苍梧似九嶷。”据《一统路程图记》由清远至香炉峡，有一百余里。“香

[1] ［清］李文烜《（光绪）清远县志》卷十三，台北：成文出版社有限公司1967年，第183页。

[2] 如黄芝冈先生说：“道家说，这（峡山）是十天福地，因为它和道家有关，汤又喜爱这一带的风景，所以汤到后来就自称清远道人。”《汤显祖编年评传》，北京：文化艺术出版社2014年，第116页。

[3] ［明］万时华《溉园初集》卷二，明末刻本。

[4] ［清］许鸣盘《方舆考证》卷五十五，清济宁潘氏华鉴阁本。

[5] ［明］危素《危学士全集》卷十四，清乾隆二十三年刻本。

炉峡口暮风吹”之意，大约是晨起发舟北上，傍晚可抵香炉峡一带。明代清远有四驿，即县城西的安远驿，东北九十里的横石矶水马驿，西南六十里（一说八十里）的回岐水驿，东南九十里的官庄马驿[1]。汤显祖出清远走水路至回岐驿，下一站就是旧属广州府的三水胥江驿了。广州在明代社会经济乃至政治生活中都占有重要地位，自然风物也大异于前此的峡江激流，所以汤显祖显得更为兴奋，作了一首有些谐趣的《回岐驿》：“寺绕飞来兴，江流清远思。五羊从此去，定是不回岐。”[2]

《汤显祖集全编》中，在《回岐驿》这首诗后，继以《光熙峰笑东来道者》《潮音洞绝粒僧》《潮音》《盘陀看日出》《送朝海僧》《岭外送客平乐下第》《岭南踏踏词》等七首[3]，并在第一首后笺曰：“以下七首当作于岭南。”后两首是，前五首非。先看第一首《光熙峰笑东来道者》：“紫竹林西小白华，海天璎珞散红霞。恒河欲问东来意，千步沙多万里沙。”题中“光熙峰”、诗中“小白华”两处地名，不见于岭南文献，而见于清曹秉仁纂《宁波府志》：“敕建法雨禅寺，在白华顶左光熙峰下。”[4]这白华山或曰小白华山，其实就是著名的普陀山；普陀山是梵名，小白华山是华名：“普陀山，亦名补陀洛伽山，华言小白华山，去定海县约二百里。山周围百里，孤悬海中。相传普门大士示现于此，善财南询处也，寺旧名宝陀（康熙时赐名普济）。”此足应“东来道者”。又：“（普济）寺东五里光熙峰下，旧有海潮寺，

[1]［清］余凤声《清远县志》卷十二，民国二十六年铅印本。

[2] 徐朔方《汤显祖集全编》诗文卷一一，上海：上海古籍出版社2015年，第649页。

[3] 徐朔方《汤显祖集全编》诗文卷一一，上海：上海古籍出版社1982年，第408—410页。按：前五首徐朔方先生在所编《汤显祖集全编》中已调整至诗文卷一一（第730—732页），系于在遂昌任上出游舟山作，然笺注简略，姑存于此，聊资笺补。

[4] 卷三十三，清雍正十一年刻乾隆六年补刻本。

后名镇海普陀别院也。”[1] 这海潮寺建于万历初，初不以海潮名，故不见诸汤诗：“《普陀山志》：有麻城僧真融，明万历八年来普陀，结茅数楹于峰下，渐建圆通等殿，以海潮名庵。二十二年，郡守吴安国改额曰海潮寺。真融徒如寿等又为增建殿宇，规制宏丽。二十四年，太监党礼请于朝，赐额护国镇海禅寺。”[2] 见于诗的潮音洞，则在“去普济东三里”[3]。元代著名作家吴莱的《甬东山水古迹记》，则对汤显祖《盘陀看日出》[4] 所咏的盘陀石的方位及其观日效果，有精彩的描述：

山，梵书称补陀洛伽山也，俗言小白华山。自山东行，西折为观音洞。洞瞰海外，巉中裂大石，壁紫黑，旁罅而西岐，乱石如断圭，积伏蟠结，怒潮纵击，昼夜作鱼龙啸吼声。又西则为善财洞，峭石啮足，泉流渗滴，悬缨不断。前入海数百步有礁。土人云曾有老僧秉烛行洞穴，且半里，山石合一，窍有光，大如盘盂，侧首睨之，宽引洁白，非水非土，远不辨涯际。又自山北，转得盘陀石。山粗怪益高，垒石如垤。东望窅窅，想象高丽、日本如在云雾苍莽中。日初出大如米，簁海尽赤，跃跳出天末，六合奫然鲜明。及日光照海，薄云掩蔽，空水弄影，恍若铺金，僧伽黎衣，或现或灭[5]。

上述汤显祖五首诗，徐朔方先生后来在《汤显祖集全编》中，

[1] ［清］雍正《浙江通志》卷一，文渊阁四库全书本。
[2] ［清］雍正《浙江通志》卷二百三十，文渊阁四库全书本。
[3] ［清］雍正《浙江通志》卷一，文渊阁四库全书本。
[4] 徐朔方《汤显祖集全编》诗文卷一一，上海：上海古籍出版社2015年，第409页。诗曰：“盘陀石上暗飞霜，吹入香炉作道场。破衲睡来天镜晓，清辉五色在扶桑。”
[5] ［清］曹秉仁《宁波府志》卷三十五，雍正十一年刻乾隆六年补刻本。

重系为遂昌任上游舟山作，甚是。惜无笺说，此可谓为之补笺。

至于《岭外送客平乐下第》[1]、《岭南踏踏词》[2]二诗，或当作于浈阳驿和大庙峡之间的星子镇水口；星子属连州，西行过连州入广西钟山，钟山西邻即平乐。广西平乐与湖南宁远的九嶷山均属古苍梧山区；《史记·五帝本纪》有：“（舜）南巡狩，崩于苍梧之野，葬于江南九疑。”故诗曰：“别有清湘起愁色，踏歌人望九疑峰。”因为近广东进京通衢官道，沿此进京赶考、落第返乡，理所当然。再则，落第之人，没有心情，也未必有财力继续南行游赏。踏歌，一般来说是山民之俗，故《岭南踏踏词》系于此时此地前后作为宜。

过了清远，汤显祖虽然还经过了当时属于广州府但今天分别属于佛山三水的胥江水驿和官窑水驿，才抵达省城广州的五羊水驿，但因系珠江三角洲平原之地，风景不殊，故一路并无诗作。后来王临亨的观感可为佐证。他说：“清远而下，渐廓为平原，夹岸无名山足寓目者。越三日而始得小金山。”[3]汤显祖则是先进广州后再出游小金山的。一近广州，抵五羊驿，汤显祖即有诗《五羊驿》：“五色纷何异，苍茫白石间。不见骑羊子，手持香穗还。”心绪之好，溢于辞章。徐朔方先生将《湛林》[4]一诗系于此诗之前，误。湛若水乃广州增城人，增城在广州东面，而水路是自西入广州。

从翻越梅岭南入广东，再到清远结束数百里山岭间旅程，作诗

[1] 徐朔方《汤显祖集全编》诗文卷一一，上海：上海古籍出版社2015年，第650页。诗曰：“南行三十六滩泷，依旧龙门得化龙。别有清湘起愁色，踏歌人望九疑峰。”

[2] 徐朔方《汤显祖集全编》诗文卷一一，上海：上海古籍出版社2015年，第650页。诗曰：“女郎祠下踏歌时，女伴晨妆教莫迟。鹤子草粘为面靥，石榴花揉作胭脂。”“笑倩梳妆阿姊家，暮云笼月海生霞。珠钗正押相思子，匣粉裁拈指甲花。”

[3] ［明］王临亨《粤剑篇》卷四《志游览》，北京：中华书局1987年。

[4] 《五羊驿》《湛林》均见徐朔方《汤显祖集全编》诗文卷一一，上海：上海古籍出版社2015年，第651页。

三十余首，数量之多，依笔者管见，在比较有名的诗人中，无出其右者。由此可见他心绪之佳，笔力之健，称为“梅岭翻新篇”，是惬当的。

第三节　最雄是广州

十月小雪前后[1]，汤显祖抵达广州城，正值当时的“秋交会”，洋商夷舶及各省商人客船云集，繁华盛景，令其极为震撼，写下了堪称表现广州的最佳诗篇：“临江喧万井，立地涌千艘。气脉雄如此，由来是广州。”[2]其二曰：“书题小雪后，人在广州回。不道雷阳信，真成寄落梅。”虽不一定为初入广州作，也必在广州时作，可以证明他进入广州的大致时间。关于诗中所咏广州之井，可以多说几句，因为向来有人认为广州井水不堪饮，如此，则何来这临江万井？如明叶权说：“广城近海，潮直至城下，地斥卤与松江同。《广州记》晋时尝导山泉入城给民，旧迹今不可寻，惟粤秀山下关王庙中有古井，颇美可饮，余俱咸恶。余以冬月至，犹可。若暑天，则不能堪矣。”[3]这还是嘉靖四十四年事。但后汤显祖十年来广州且驻留了三个月的王临亨则说：

> 宋时，浮丘道士邓道立以广城水俱咸苦，欲以万竿竹为筒，络绎相接，于二十里外蒲涧山引水入城，以供民汲。仍于循州置

[1] 朝廷允许外夷商人夏、秋两季从澳门入广州城贸易，一般会延续到十月下旬。下文会详解。

[2] 徐朔方《汤显祖集全编》诗文卷一一，上海：上海古籍出版社2015年，第652页。

[3] ［明］叶权《贤博篇·游岭南记》，北京：中华书局1987年，第46页。

良田，令岁课租五七千，买竹万竿作筏下广州，以备抽换。时苏长公在惠，以道指语广守，如法行之。余谓此法殊拙，不知何以得当于长公？且余居广城三月，水亦在在可饮，岂地脉有时变耶？[1]

难道叶权去后几十年地脉就改变了？或者因汤显祖之歌咏而改变了?!颇堪玩味。

在历史想象以及现实感召下，汤显祖在广州和以广州为中心，更加流连忘行。他游览了广州西边属邑南海的小金山（今属里水镇，已消失），作《小金山同陈浔州冷提运送军府夜酌四首》：

偶尔出城郭，扁舟潮上时。浪花寒雨钓，林竹莫烟炊。
过酒窗初湿，鸣舷坐欲欹。金山不应小，浑觉润州移。

岭外无摇落，江中有暮潮。市楼悬入艇，山阁倚萦桥。
似小金山近，无多碧海遥。兴来江楚客，长得夜闻箫。

赤海中流合，金山小景开。梧云看暝接，桂瘴得寒回。
鹤向吟随去，鸥轻浣欲来。桄榔垂一醉，微月下池台。

一官能自冷，十月晓衣轻。水市悬渔影，山厨伐竹声。
杯怜椰子细，酒得寄生清。细雨炎荒外，今朝学送迎[2]。

诗的开头说他“偶尔出城郭”，说明汤显祖在广州城待的时日

[1] ［明］王临亨《粤剑篇》卷一，北京：中华书局1987年，第63页。
[2] 徐朔方《汤显祖集全编》诗文卷一一，上海：上海古籍出版社2015年，第653页。

不短，也说明广州城对他的“诱惑”不浅。他是乘船往游，望之即喜——“浑觉润州移”——将其视为润州（今镇江）名胜金山的移置。王临亨亦曾游此，并曰：“清远而下，渐廓为平原，夹岸无名山足寓目者，越三日而始得小金山。小金山者，本名灵洲，以踞江心，视润州具体而微，故名。”信然。又曰：“昔苏长公谪昌化军，经宿此洲，忽悟前身是德云和尚，为题诗赋寺僧，由此灵洲之名满天下。其地不过江中一滩耳。顾其阳，木棉花盛开，的如凝脂。其阴有环翠亭，匾即苏公手笔也。”[1] 汤显祖《小金山次苏长公韵》当作于此：

夕阳烟雨片江开，滟滟寒潮自去来。
我亦桄榔庵下客，明珠海上寄莲台[2]。

但小金山必不至如王临亨所述之无奇，毕竟是当时的羊城八景之一，名曰“鳌峰耸翠”，而且也有更多的渊源。阮元《广东通志》说：“山在会城西北七十里，以灵气所钟，故名。而郁水周遭，洵一方山川之胜，为五羊八景之一，曰鳌峰耸翠。其山根如鼎足。宋方信孺有‘更须题作小金山之句’后人因曰小金山。”[3] 方信孺全诗曰：“东南佳气盛衣冠，楼阁翚飞缥缈间。疑是落星湾下见，直须题作小金山。”而衣冠气盛之说，则出自晋人郭璞：“灵洲山，在南海。（《南越志》）肃连山西十二里，有灵洲焉。其山平原弥望，郭景纯云：‘南海之间有衣冠之气者，斯其地也。’”[4] 郭璞乃道教

[1] ［明］王临亨《粤剑篇》卷四《纪行二》，北京：中华书局1987年，第98页。
[2] 徐朔方《汤显祖集全编》诗文卷一一，上海：上海古籍出版社2015年，第654页。苏诗当为《题灵峰寺壁》：“灵峰山上宝陀寺，白发东坡又到来。前世德云今我是，依稀犹记妙高台。”《苏轼诗集》，北京：中华书局1982年，第2400页。
[3] ［清］阮元《（道光）广东通志》卷一百，上海：商务印书馆1934年，第1904页。
[4] ［宋］祝穆《方舆胜览》卷三十四“广东路”，清文渊阁四库全书本。

史上非常著名的人物，还是游仙诗的鼻祖；这应当是吸引崇道的汤显祖往游的重要因素。而且在汤显祖的前朝正德乙亥年（1515 年）仲夏，还发生了一件与小金山有关的轶事：“钦差镇守两广征蛮将军太保武定侯郭公世臣以公事自苍梧下五羊，经此胜而登焉，俯察地脉，指曰：‘此穴可井，而有甘泉。’住持定禅凿之，味甘而冽。咸曰此太保泉也。”[1] 因闻而往见，也是自然之理。惜小金山风光今日几近荡然——郁水已沦为西南涌，山头也已被削至仅十来米高；有心人曾根据史料绘制了复原古图[2]，犹资想象。

诗中所咏“椰子杯”“寄生酒”等岭南物珍也令汤显祖备感欣喜。特别是寄生酒这种历史名酒，在明代也是闻名遐迩。与汤显祖同时代的张萱（约 1553—1636）说：“五岭之外，绝无佳酝。近游宦者宴会，皆嗜苍梧寄生酒。”[3] 探花出身，官至国子监祭酒的陶望龄则为之着迷：“今日何园句，能无忆少陵。迷人寄生酒，匝地月支藤。莲褪鱼吹粉，苔深石减稜。轩窗随面面，寒竹影层层。”[4] 黄汝亨（1558—1626）更是珍之宝之：“向从欧阳生奉答一书，继承长者青眼，寄生酒之惠，至今枯肠载润也。”[5] 在广州亲尝过寄生酒的王临亨则曰：“寄生酒产自粤西，采寄生酿之。色纯白而味清旨。然多以烧酒羼入，令人不能豪饮。粤东供贵客多用之。民间所用土酒到处不佳，而高凉尤恶，稍可入口者通衢酒耳。大都茶酒

---

[1] ［清］阮元《（道光）广东通志》卷一百一，台北：成文出版社有限公司1967年，第1945页。

[2] 佛山日报记者束维《消逝的里水金山古寺》（佛山日报记者周春图），新浪广东佛山频道http：//gd.sina.com.cn/fs/2015—01—14/105325258.html。

[3] ［明］张萱《疑耀》卷五，北京：文艺出版社1998年，第87页。

[4] ［明］陶望龄《过何泰华园分韵四首》其二，《歇庵集》卷二，台北：伟文图书出版社有限公司1976年，第260页。

[5] ［明］黄汝亨《与邹南皋先生》，《寓林集》卷二十九，明天启四年刻本。

二味，粤人全不解美恶。”[1] 由此可见即在广州，纯酿的寄生酒也是难能可贵的。而其并予粤人茶酒恶评，对于后来以饮茶为最著风尚之广东，实如兜头冷水。不过其所记在广州时所食葡人奉上的饼饵，且极赞美之，是笔者所见最早的华人西食文献，值得附记于此：

> 西洋之人，深目隆准，秃顶虬髯。身着花布衣，精工夺目。语作撑犁孤涂，了不可解。税使因余行部，祖于海珠寺。其人闻税使宴客寺中，呼其酋十余人，盛两盘饼饵、一瓶酒以献。其饼饵以方尺帨覆之，以为敬。税使悉以馈余。饼饵有十余种，各一其味，而皆甘香芳洁，形亦精巧。吾乡巨室毕闺秀之技以从事，恐不能称优孟也。帨似白布，而作水纹，精甚，亦吾乡所不能效。今与瓶酒俱拟持归，以贻好事者[2]。

因为酒缘，汤显祖与新朋旧友赋诗言别时，便首首有酒。《戏别冷提运》曰：“宦迹他乡薄，生香别署遥。翠欹椰子叶，红动美人蕉。酒色寒犹兴，春心老不销。盐花金盏里，还赴粤西邀。”[3] 鲁司理子与则是老朋友了，七八年前其由京出理广州时汤显祖曾作诗送别，如今则被送别：“目送雷阳外，心销赤海旁。壶觞荐潮汐，花木送炎凉。桂死何劳蠹，兰生应自妨。少年能泣玉，乡国似南漳。”[4] 鲁子与是一个清正的循吏，后来汤显祖在《为士大夫喻东粤守令文》中还对其大加表彰：“见仕如周广州启祥、周廉州宗武，其人亦已

[1]　［明］王临亨《粤剑篇》卷二《志时事》，北京：中华书局1987年，第78页。

[2]　［明］王临亨《粤剑篇》卷三《志外夷》，北京：中华书局1987年，第91页。

[3]　［明］汤显祖《戏别冷提运》，徐朔方《汤显祖集全编》诗文卷一一，上海：上海古籍出版社2015年，第655页。

[4]　［明］汤显祖《别鲁司理》，徐朔方《汤显祖集全编》诗文卷一一，上海：上海古籍出版社2015年，第655页。

久矣，而士大夫至今传其清；鲁司理点、董郡丞志毅，其官不复然矣，而士大夫每见讼其清。”[1]别陈浔州当然也离不开酒：“何自船同夕，偏过酒涉旬。明珠沧海客，春色武陵人。草树他乡别，风烟一处亲。清浔好白石，吾欲向栖真。”[2]

在广州时，他还去了有“未有羊城，先有光孝”的著名的光孝寺：“菩提岂无树，天竺有灵僧。色与波罗翠，香随檐卜凝。根芽初佛满，花叶几人能。密意经三绕，无劳问葛藤。”[3]“菩提岂无树”，写的是惠能公案事。兹不赘。光孝寺也给他留下了深刻印象，当然不只佛光，更是景色：“拜朔台前春色深，碧云江上几沉吟。霏红腻绿莲花女，抽尽芭蕉一卷心。”[4]除了念着光孝的芭蕉，汤显祖更念着光孝寺的波罗树；许多年之后，送人南下广州，还劝人要折取归种[5]。《夜坐柬倪司理，时恤刑在广》：“丹笔夜良苦，寒虫灯下鸣。为官向南斗，只合注人生。”[6]也当作于广州。

汤显祖围绕广州东部南海神庙有一组诗，徐朔方先生笼统地视为谪赴徐闻道中作，实际上可以更准确地说，是在赴罗浮山途中，顺道先去了一趟南海神庙，其间感而有作。从《湛林》说起：“昨

---

[1] ［明］汤显祖《为士大夫喻东粤守令文》徐朔方《汤显祖集全编》诗文卷三六，上海：上海古籍出版社2015年，第1631页。

[2] ［明］汤显祖《陈浔州》，徐朔方《汤显祖集全编》诗文卷一一，上海：上海古籍出版社2015年，第656页。

[3] ［明］汤显祖《光孝寺》，徐朔方《汤显祖集全编》诗文卷一一，上海：上海古籍出版社2015年，第669页。

[4] ［明］汤显祖《忆光孝寺前看蕉花作》，徐朔方《汤显祖集全编》诗文卷二一，上海：上海古籍出版社2015年，第1288页。

[5] ［明］汤显祖《山阴刘冲倩粤行祈子口号》：“自昔游光孝，波罗树色青。君行宜折取，归种小兰亭。”载徐朔方《汤显集全编》诗文卷二十，上海：上海古籍出版社2015年，第1257页。

[6] 徐朔方《汤显祖集全编》诗文卷一一，上海：上海古籍出版社2015年，第657页。

夜骑羊驿，今朝鹿步来。百年无湛子，闲杀钓鱼台。”[1] 骑羊驿即五羊水驿[2]，是广州往增城、惠州、潮州等粤东驿路的起点[3]；湛子即湛若水，增城县人，即是说往增城方向走。《波罗庙》诗说：“不到东洲驿，来朝南海王。虎门熛赤气，龙阙动朱光。铜鼓声威汉，金碑字隐唐。炎池堪浴日，今夕看扶桑。”[4] 东洲驿即东洲水驿[5]，在增城县东，也是说往增城方向走。罗浮山在过了增城的博罗，增城也沾边占份。据明黄汴《一统路程图记》，东洲水驿也是往游罗浮山的必经之驿：“广东城至惠、潮二府水陆路：五羊驿—百廿里增城县东洲驿—九十里东莞县黄家山驿—八十里铁冈驿—七十里苏州驿—四十里惠州府归善县欣乐驿—百里水东驿—五十里莫村驿（博罗县）……”[6]

只是诗人没有从五羊驿径抵东洲驿，而是中途转向南海神庙；南海神庙在今广州东南的黄埔区，距广州城八十里，与增城近在咫尺。波罗庙即南海神庙，以其临波罗江故；铜鼓即唐高州太守林霭所献，金碑即韩愈所作的《南海神庙碑》[7]。

汤显祖之所以中途谒游南海神庙，不仅因为广州始终是最重要的朝贡贸易口岸，南海神庙的历史遗迹及其殊丽风光，也是重要的

[1] ［明］汤显祖《湛林》，徐朔方《汤显祖集全编》诗文卷一一，上海：上海古籍出版社2015年，第651页。

[2] 骑羊驿，即五羊水驿，在番禺县，洪武二年设。见杨正泰《明代驿站考》（增订本），上海：上海古籍出版社2006年，第58页。

[3] 杨正泰《明代驿站考》（增订本），上海：上海古籍出版社2006年，第272页。

[4] ［汤］汤显祖《波罗庙》，徐朔方《汤显祖集全编》诗文卷一一，上海：上海古籍出版社2015年，第657页。

[5] 据杨正泰《明代驿站考》（增订本），上海：上海古籍出版社2006年，第55页。

[6] 杨正泰《明代驿站考》（增订本），上海：上海古籍出版社2006年，第272页。

[7] ［清］阮元《（道光）广东通志》：“庙临波罗江上，俗亦称波罗庙云（《郝志》）。庙有玉简、玉箫、玉砚、象鞭、林霭所献铜鼓。”卷一百四十五“建置略”二十一，上海：商务印书馆1934年，第2704页。

诱惑。南海神庙供奉的海神，自隋建庙以来，历代皆有敕封：唐代册封为广利王；宋代先后加号洪圣、昭顺并加王冕九旒；元代最重海外贸易，加尊广利灵孚王；明代也不例外，朱元璋虽重农抑商，并设海禁，却先于洪武三年（1370 年）正式封其为南海之神，洪武六年又赐黄金香盒，堪称有明当世重要的历史胜迹；《波罗庙》诗中所咏及的、因之留下的大量历代名人碑刻和题咏，也别具吸引力[1]。同时，所处的地理位置加上长期的营建，使南海神庙成为一方名胜。比如神庙旁的浴日亭，三面环水，亭冠其巅，前鉴大海，茫然无际，为观日出绝佳处，长期被列为羊城八景之首，称“扶胥浴日”或“波罗浴日”。综此，汤显祖慕名往游，则在情理之中了。

汤显祖的南海神庙之行，也隐示了即将的澳门之行。首先，南海神庙本身即广州海外贸易的产物。其次，所题咏诗篇，观察的重点在于“贾胡”。如《达奚司空立南海王庙门外》所咏的达奚，即当年错过归航的朝贡贸易使者。从《波罗庙》诗结句，知汤显祖夜宿浴日亭，故接下来有《宿浴日亭因出小浪望海》，只是不知浴日亭如何可宿。诗写所见外夷商船：“舔舶自吞吐，楼橹成烟墟。飞金出荧火，明珠落鲸鱼。吾生非买胡，万里握灵糈。”同时也表明此行非去澳门，而是去罗浮：“晻霭罗浮外，传闻仙所庐。玉树如冬青，瑶芝若栟榈。阳乌不日浴，昼夜更扶舆。丹穴亦不炎，好风常相嘘。白水月之津，一饮饥渴除。徐闻汝仙尉，去此将焉如？”[2]

[1] 碑刻之中，可以韩愈为代表，他有《南海神庙碑》，见阮元《（道光）广东通志》卷一百四十五“建置略”二十一；亦见《韩昌黎先生文集校注》，北京：古典文学出版社1957年，第280页。题咏之中，可以苏轼为代表；苏轼南贬时，也曾慕名前往，并作《浴日亭》：“剑气峥嵘夜插天，瑞光明灭到黄湾。坐看旸谷浮金晕，遥想钱塘涌雪山。正觉苍凉苏病骨，更烦沆瀣洗衰颜。忽惊鸟动行人起，飞上千峰紫翠间。”见《苏文忠公全集·东坡后集》卷四，北京：中华书局1982年，第2067页。

[2] 徐朔方《汤显祖集全编》诗文卷一一，上海：上海古籍出版社2015年，第659页。

第四节　罗浮朝圣行

离开南海神庙，汤显祖取道东莞，前往罗浮；罗浮山在崇道的汤显祖眼里，堪称一处圣地。他在《游罗浮山赋》序中说：

> 夫星图粤地，引潮汐于元纽；日次周天，晷昼夜于阳陆。然则南岭之南，北户之北，固已舆象之所偏庬，烛龙之所长寤矣。而庐岳天子之障，衡山祝融之标，枢轴虽连于西极，经络未穷于南纪。高融奥博，是在罗浮。罗山上直百粤之精，旁罗赤溟之气，轩辕以降，隆为粤岳矣。而浮山者，是惟蓬莱神山，浮自会稽灵海，断鳌不足比其波荡，操蛇不足异其转徙。盖流睒绝峤，伫眙分岙，飞峰息壤，神理自然。所怅郁者，名迹芜蔼，采真莫续。涌塔暗朝花之影，沉湖销夜乐之音。每与友人祁羡仲、曾人蒨叹恨其奇大，有终焉之意，而束官陵祀，升践靡由[1]。

而往游路线，他在《东莞县晋黄孝子特祠碑》中说得非常明白："今上辛卯（1591 年）夏，余以言事尉海北。冬，道南海，过哭再从父墓东莞焉。抚友人祁衍曾之孤，遂如罗浮。"[2] 在东莞，作《惜东

[1] 徐朔方《汤显祖集全编》诗文卷二三，上海：上海古籍出版社2015年，第1341页。
[2] 徐朔方《汤显祖集全编》诗文卷三五，上海：上海古籍出版社2015年，第1604页。

莞祁生》，前已有述。

既为梦寐神往之地，怎禁得不诗兴大发，不舍昼夜。开篇应当是《衙冈望罗浮夜至朱明观》：

炎方已中冬，氛氲煦南晷。名山纷我思，隔绝游未拟。
江海亦何意，谪居欣在此。沿回石湾岸，纡舟水南止。
果得罗浮装，坡陀蕴灵诡。初行坦襟带，平冈十余里。
稍入向畸隧，夜雨泠山水。木末已搴裳，草根半沮履。
嵚岖岂忘叹，念此孤游始。绵延远烟外，片赤残阳里。
不见飞云来，但觉飞云美。矫若龙影升，细若炉香起。
朱明洞天口，木叶纷旖旎。路黑愁栖禽，号林隐苍兕。
襟袖石门间，余霞青徙倚[1]。

衙冈即衙冈铺，在博罗[2]；罗浮山主要在博罗，同时横跨增城、龙门，但主景区朱明洞在博罗东江之滨。东江源于江西寻乌、定南，流经广东龙川、东源、紫金、惠阳、博罗、惠城、东莞，经增城汇入狮子洋，汤显祖从东莞来游罗浮，当乘船，诗中也有反映——“沿回石湾岸，纡舟水南止”——经石湾而来，在水南上岸陆行。石湾乃博罗县西北一百三十里的一处巡检司[3]，方位合。水南更近博罗县

[1] 徐朔方《汤显祖集全编》诗文卷一一，上海：上海古籍出版社2015年，第662页。
[2] ［清］阮元《（道光）广东通志》卷一百七十八叙博罗县驿铺曰：“莫村驿……凤凰铺(铺兵二名)至增城县凤凰头铺十里，至官陂铺十里，官陂铺至花园铺十里，又十里至衙冈铺，又十里至松冈铺……”上海：商务印书馆1934年，第327页。
[3] ［明］戴璟《（嘉靖）广东通志初稿》卷十叙博罗县司衙驿铺曰：“博罗县治，元季毁于兵，洪武元年知县阎义直始荆……布政分司，在县治东学右……巡检司，凡二：善政里，在县北三十里；石湾，在县西一百三十里……”广州：广东省方志办2003年，第204页。

治，止约二里[1]。

傍晚到达罗浮山下朱明洞入口，在朱明馆稍事盥洗休整，便连夜进山，赶往朱明观，有《望罗浮夜发》诗：

我以适穷发，日气动海水。浮罗落空影，结念自此始。
山水何泠泠，断道百余里。烟墟有余姿，层阴相倚徙。
落日朱明馆，林下宿盥洗。攒峦暗星阙，招摇侧东指。
中夜若有人，弄影风霞里。首建芙蓉冠，清啸激林靡。
披衣天门外，幽篁听山鬼[2]。

综合分析这两首诗，第一首诗应当是到达朱明观后回顾来程所作，因为题曰夜至朱明观，但诗中却未见夜色（只有傍晚的景光），也未见朱明观，且多及山外水陆之地名。第二首诗当是傍晚稍事休整时所作，此朱明馆当是朱明洞口附近的馆舍，而非朱明观里的曜真馆；汤显祖当未曾记辨朱明洞诸馆舍之名，概以朱明馆名之，因为《至月朔罗浮冲虚观夜坐》中“夜酒朱明馆”之馆，显非此馆。后来作者在《游罗浮山赋》的序中，对游踪有清晰的描述：

辛卯冬十月，始以出尉徐闻，逮令尹崔子玉于南海，迟文学翟从先于东莞，枻川墟，履原隰，宿朱明曜真之馆，候晴霏焉。盖晦夕也。诘朝朔，微雨，袭梅墟，经石门，听泉于叶大夫春及

[1]　[明]戴璟《（嘉靖）广东通志初稿》叙博罗水界曰：“博罗县东至本县铁冶都大江心、归善县驯雉都界六十二里，西至增城县水口界九十五里，南至归善县外水都、水南、大江心界二里，北至增城县鹅溪都、鹅岭界九十里。”广州：广东省方志办2003年，第80页。

[2]　[明]汤显祖《望罗浮夜发》，徐朔方《汤显祖集全编》诗文卷一一，上海：上海古籍出版社2015年，第661页。按：徐笺系时为十月晦日。

之廊阿。明日，观大帘泉，避雨。朔朏，吊湛公于黄龙讲堂。道甚窄硌，夜火青霞洞中，有湛公楼七楹，仙鼠居之。此尽下界三矣。明日，起青霞，至巅际，观日出。为中上六界。美人峰殊好，袖如道人，时时出云。其下千仞，叶大夫石馆处也。日始华，露欲晞，见城郭者四五。前立石双，如蛾翅竖。又立石翥，为燕子门，一名弹子门；为美人障；其前，蟾蜍峰也。同人不前，独往弥胜。从数羽衣人，芟蕴而上，鸟道三十余里，回翔眩视，草树飞走，光气有异，非所经识，意谓灵境阻郁。剨然一冈，平曼修婉。名以子午，正其昏朝。登顿再舍，圭阴未禺。遂蹑飞云，凌日观。惟见香炉一具，白水一卮，祀罗浮君焉。望天池以阳，星沙以阴，东连扶津之蔼，西尽崦嵫之色，靡不区封有畛，昭藐无倪者矣。可谓恢魁乎大观，渊绵其神致也哉[1]。

序中也点明了其进山之日为十月晦日，即十月最后一日，其盘桓山中，则约五日。《答崔子玉明府朱明洞相迟不至二首》当翌日侵晨在朱明观作，因诗有“罗浮窥日早”句[2]。继而出观观日，展开游程，先有诗《出朱明观》：“罗浮观日罢，出谷晚苍凉。壑去悬流寂，峰过倒影长。美云随望尽，仙草逐行香。消息梅花月，归舟兴不忘。”[3] 是夜作《至月朔罗浮冲虚观夜坐》：“夜酒朱明馆，参星倚户开。梅花须放早，欲梦美人来。”[4] 序曰“明日，观大帘泉，避雨”，则《罗浮上帘泉避雨蝴蝶洞，迟南海崔子玉不至四首》

[1] 徐朔方《汤显祖集全编》诗文卷二三，上海：上海古籍出版社2015年，第1341页。
[2] 徐朔方《汤显祖集全编》诗文卷一一，上海：上海古籍出版社2015年，第664页。诗曰：“玉洞凭高枕，朱陵坐欲曛。罗浮窥日早，还待蹑飞云。到门反景薄，极望青霞开。海上神仙令，能游仙尉来。”
[3] 徐朔方《汤显祖集全编》诗文卷一一，上海：上海古籍出版社2015年，第663页。
[4] 徐朔方《汤显祖集全编》诗文卷一一，上海：上海古籍出版社2015年，第664页。徐笺：“冲虚观，传说是葛洪草庵旧址。”

十一月初二作：

朱陵云欲冷，白石岁将淹。风雨看今夕，悬泉始上帘。

老人峰可接，洞里吹云叶。只是雨花飘，片片成蝴蝶。

洞中隐风雨，梦蝶愁飞举。美人湿不来，暗与梅花语。

老人云忽声，森冥雨气远。风色上帘泉，留连下山晚[1]。

据《游罗浮山赋》序，夜宿青霞洞中，作《青霞洞怀湛公四首》：

下山兴不浅，竟作青霞游。一片东楼影，参星南户流。

海蛸窥石冷，山鬼被林幽。不为青霞古，谁能深夜游。

发兴动心赏，怀贤如旧游。海鸡催欲晓，渐愧昔人留。

洞壑随龙气，丹楼寄晚霞。千秋好流涕，湛子不为家[2]。

《罗浮夜语忆明德师》当是夜作："夜乐风传响，扶桑日倒流。无人忆清浅，夫子在南州。"[3]因为二人皆当世著名理学家，比类联想，触兴感怀。"明日，起青霞，至巅际"。巅际当即罗浮山主峰飞云顶。

[1] 徐朔方《汤显祖集全编》诗文卷一一，上海：上海古籍出版社2015年，第665页。
[2] 徐朔方《汤显祖集全编》诗文卷一一，上海：上海古籍出版社2015年，第665页。
[3] 徐朔方《汤显祖集全编》诗文卷一一，上海：上海古籍出版社2015年，第666页。

时至十一月初三，夜宿飞云顶，作《罗浮飞云岭》：“勾漏杳无人，独自神仙尉。海天今夜晴，龙门有云气。”十一月初四下山，作《下飞云岭》：“绝岭能清啸，下山浑欲愁。千山一回首，云气是罗浮。”[1]《罗浮叹别逃庵主人》乃在下山过程中顺道一瞥有感而作——既是废庵，无由专程往游也：

甘泉公兴儒破道而山毁，惜之。
名岳丘墟惜湛君，儒流得似道流群。
天门夜息朱陵气，洞馆朝残玉女云。
桂树炎州当户见，莲花漏水接窗闻。
何时共蹑金梁影，坐看扶桑到日曛[2]。

汤显祖在罗浮山中盘桓约五日，游憩之处甚多，虽未尽纪于诗，而更详于赋；且不止于风景之殊丽悬奇，更兼人文之胜，比如葛洪鲍姑，比如湛子。详《游罗浮山赋》序之意，登山飞云顶，感于其恢魁大观，渊绵神致，“枕石起卧，欣然赋之”，而赋又以“烨光景兮敻不知乎天之所穷，靓凌竞兮吾以观乎日之所出”作结，则尚待凌晨观日，可知当作于飞云顶之夕；竟夕而作长达二千二百余字之赋，其兴奋激动不能自已之情，可以想见。

序既详写了罗浮山的星野形胜，赋虽然也得从此写起，故短短四句即揭起：

极庐衡之经首，晞赤岳于贲禺。
略招摇之桂树，望云气于苍梧。

[1] 徐朔方《汤显祖集全编》诗文卷一一，上海：上海古籍出版社2015年，第668页。
[2] 徐朔方《汤显祖集全编》诗文卷一一，上海：上海古籍出版社2015年，第668页。

而其云气连苍梧的颇异于常人的写法，反映了他念兹在兹的儒家士大夫情怀。接着说从东莞乘舟而来，然后弃舟登岸，望罗浮进发，初步领略到了林霏窈窕之美和岩户纡徐之致：

问津途于莞城，释泛舟于源墟。
滟林霏之窈窕，漠岩户之纡徐。

接下来，是按照写赋的惯例，铺叙了一番山间的游历与观感：

晨光飞而首路，夕影流而载驱。
倒烟容于衿带，睇朱明于隙余。
磴环赪于莽苍，林织密以扶疏。
策孤征而晻影，鸟群归而沸呼。
傍灵池以涉趾，历回梁而耸躯。
钟鼓鸣于林间，香气腾于路隅。
是为帝轩辕之所履，神赤熛之所庐。
坐参正而披衣，阅柳中而定居。
何迁人之鞅掌，得借一于冲虚。
灵想接而心欢，营宅消而寐除。
慨衣冠其委土，想丹灶之流珠。
问洗药于真人，发灵箫于圣姑。
守瑶光之玉虎，戴碧斗之铜鱼。

具体内容，诗与序中都有涉及，我们不拟详加阐述，倒是其由这些绝色美景引出的感慨，是值得注意和玩味的：

恨天华之宫不存，怨明月之坛久芜。
断冥心其莫引，翳神光其忽诸。
徒使来粤都者，走明珠于合浦，浮毳衣于贾胡。
彼皋壤与山林，非天性其焉如。

意思是天华宫已荡然无存，明月坛久已荒芜，而由于道场不存，使得那些来到广州的人，只追求到合浦贩珍珠，与贾胡贩毳衣；这也恰恰反映了广州的外贸之盛。这更激发了他的道情与游兴：“将纵观其窟宅，恣风云之袭余。”但是，汤显祖的道情，却又无往而非儒心；在他心目中，粤中之士，最可引为同道，因为在别人骛心于贾务的时候，早有叶春及避隐山中——“若有人兮山中，叶公逃其大夫”；他大约是“瞰神峰之窅缈，感鲍女之来胥。筑清泠之妙馆，移家室于真图”吧。所以，感兴而游，那真是：

半九天而一息，卷悬泉而自舒。
契兰溪之赵相，咏明怀于彼姝。
怅峨嵋之脉远，觉茅山之气殊。
谅仙人之藐矣，居其堂而载盱。
度石关之穹窿，接新构之离娄。
泉淙淙而夜鸣，云英英而画敷。
清不可兮久留，澹容与以踟躇。
山带氲而翠积，水帘波而素纡。
营盘砥兮偃仰，蹙葩华兮喷嘘。
避雨蝴蝶之洞，睨梁天汉之虚。

又有“彼增城之湛子，洵赤海之名儒”，也曾开讲山中啊！故：

匪淳耀其外丽，有神精而内摅。
吐经书以玄澹，集龙凤以嬉娱。
若洙泗之訚訚，俨夏屋之渠渠。
委楼观于山精，寄田业于门徒。
圣无存而不妙，凡有亡而必粗。
疑海波之增减，窥户牖之有无。
蕴苦心其为谁，溯流风而涕俱。

所以，汤显祖罗浮一赋，“人文”是其精髓——是道教的深厚积蕴，更是儒家的坛坫遗韵。

于是拂金沙兮夜语，蹑青霞兮旦发。
逗威夷而宛转，望敦庞而块轧。
澹孤青于气表，漏阳华于空阅。
砉崖隒于川渠，错璁珑于楼阙。
虽道绝于登降，亦临观其曲折。

如此不畏登攀，那是因为“缅增城其在兹，递仙风而岋嶙”，有湛若水湛增城的精神的激励。随后，盘桓数日，“遂径庭其造天，极空窅而戴日”。既有问道寻仙之性，也不忘“属湘嶷于垒碓，辨交廉之陇埒”，诚可谓“不谓浮云遮望眼”，致君尧舜之心不息。赋的最后“吾将洗浮氲于自然，悟空明于一切。朱陵之花靡谢，曜真之气长结。烨光景兮夐不知乎天之所穷，靓凌竞兮吾以观乎日之所出”，是不是也有终将等得云开日出，自己终将得以实现“致君尧舜上，再使风俗淳”的素志的意味呢？

第五节　迂道访澳门

汤显祖从初抵广州震惊于立地千艘的洋船夷舶，到始离广州城所得的“时时番鬼笑，色色海人眠”印象，无不使其对于夷舶贾胡印象殊深，以至上到罗浮山顶，神驰浮想，也挥不去贾胡的影像，并将之写入《游罗浮山赋》：“徒使来粤都者，走明珠于合浦，浮毳衣于贾胡。”可惜，汤显祖到达广州时，针对葡夷洋商的冬季“广交会”尚未开始，却也快要开始，那应该是多么遗憾的事。

其实每年两次的“广交会”，开始了也不过十来年[1]，此前的十来年，每年只有一次“广交会”[2]。再往前，则只有“海交会”——在澳门及停泊在海面的商船上进行交易；澳门开埠，也不过嘉靖

---

[1]　[瑞典]龙斯泰《早期澳门史》：“开始时市场每年开放一次，但从1580年起，根据两次不同的季候风，每年开放两次。贸易经理人，从1月份起采购运往印度及其他地方的货物，从6月份起采购运往日本的货物。每年两个月，三个月，有时是四个月。”吴义雄等译，北京：东方出版社1997年，第108页。也正是在这一年（1580年），继隆庆元年浙江市舶司被罢废后，福建市舶司被裁革，唯余广州口岸对外通商。《利玛窦中国札记》也说：“葡萄牙商人已经奠定了一年举行两次集市的习惯，一次是在一月，展销从印度来的船只所携带的货物，另一次是在六月末，销售从日本运来的商品。这些市集不再像从前那样在澳门港或在岛上举行，而是在省城（广州）本身之内举行。”北京：中华书局1983年，第144页。

[2]　[葡]马托斯（Gabriel de Matos）《议事亭对耶稣会关于青州抗议答复辩澳门城葡萄牙人权利》：“1571年或1572年，当葡萄牙人前往广州参加交易会时，官员按照惯例，身着红袍，出大门来收葡萄牙人带来的税金。”载金国平《中葡关系史地考证》，澳门：澳门基金会2000年，第128—132页。

三十六年的事；此前是沿海诸澳口并作，随着澳门开埠，“自是诸澳俱废，濠镜独为舶薮矣”[1]的历史盛景逐渐形成。因此，为深入了解，迂道往探既是“广州诸泊口，最是澳门雄”[2]的广州外港，也是夷人洋船“根据地大本营”，同时也是广府各邑逐商之地[3]的澳门，乃情理中之事。

当时朝廷对于澳门如何管治的争论以及万历十九年的夷警，汤显祖不可能不与闻，这也应是吸引其前往“考察”的因素之一。自从嘉靖三十六年起葡萄牙人定居澳门后，对其如何管治一直有种种不同的意见。在汤显祖去澳门的前两年，即万历十七年春，就发生了“澳酋长李茂、陈德乐啸集海上，乌合至千余众”的事件。时任两广总督刘继文“一时未集舟师，虑怀叵测，因筹计问仙”[4]。后又于万历十九年十一月壬午上《备陈备倭条议》，要求加强对澳门的管制：“至澳夷内集，恐虞不测，合于澳门外建抽盘厂于香山大埔、雍陌地方。汛至，以同知住（驻）扎新安，通判住（驻）扎雍陌。”[5]

再则，汤显祖对海外贸易，也早有观察，并在诗文中有所反映。如早期的诗作《送人之广州成亲》：“送子灵槎海，瑶台彩日高。春年蝴蝶树，夜月鸳鸯桃。少和歌堂曲，还看大食刀。他乡奏龙笛，溪水自滔滔。”[6]这里的“大食刀”，在当时，应该还只是反映了汤显祖的一种岭南想象——夷舶贸易，当然也可以视为其澳门行的

[1]［明］郭棐《（万历）广东通志》卷六九《外志•澳门》，四库全书本。

[2]［清］屈大均《澳门》，载所著《翁山诗外》卷八，清康熙刻凌凤翔补修本。

[3]［清］屈大均《广东新语•食语》卷十四曰：“广州望县人多务贾与时逐……其黠者南走澳门，至于红毛、日本、琉球、暹罗斛、-吕宋、帆踔二洋，疏忽数千万里，以中国珍丽之物相贸易，获大赢利。”北京：中华书局1985年，第371页。

[4]［明］刘继文《重修何仙姑庙碑记》，蔡淑《增城县志》卷十四，康熙二十五年刻本。

[5]［明］张溶《明神宗显皇帝实录》卷二百四十二，钞本。

[6]徐朔方《汤显祖集全编》诗文卷四，上海：上海古籍出版社2015年，第249页。

早期渊源。此外，汤显祖另有一首《听闽人说占城事》：“长说三光在覆盆，梯航不共四交论。何缘觅得开天窍，还道天西有一门。”[1]徐朔方先生未能给此诗系年，详诗意，不似在澳门时所作；在澳门他有类似的诗作，如《听香山译者》——译者所述，自是有胜闽人，同时也犯不着问闽人了。如此，或是在南京，或是在江西时作；江西与福建相邻，商旅往来不乏。这种独特的岭南观察与想象，在当时是非常少见的。

汤显祖赴澳门的具体行踪，当是十一月初四下罗浮山，由水路直接出“海”赴澳门，无由再折返广州；不然时间上也来不及，他的几首至日（十一月初七）诗作可资表明。东江在博罗以下，经惠阳过东莞从增城禺东联围东南汇入狮子洋。狮子洋名虽称为洋，实珠江近海宽阔江面——广州人过去称广州城内珠江水面也称海。禺东联围乃珠江冲积形成的陆地，今称穗东联围，与南海神庙同属于广州市黄埔区南岗镇，相距甚近。此一带江面，过去均属番禺，故《番禺江上七日长至二首》等均此际作。汤显祖曾为礼部祠祭司主事，冬至当行大祭，故诸诗均不由自主地表现对皇帝的礼敬。像《番禺江上七日长至二首》：

珠海半轮月，炎州玉管灰。江关问行旅，还被一阳催。

不能趋舞蹈，聊自展衣冠。日影随南至，天心向北看[2]。

又如《南海浴日亭拜长至二首》：

[1] 徐朔方《汤显祖集全编》诗文卷四，上海：上海古籍出版社2015年，第249页。
[2] 徐朔方《汤显祖集全编》诗文卷一一，上海：上海古籍出版社2015年，第670页。

孤臣遥浴日，沧海亦书云。愿得扶桑影，年年奉圣君。

五拜晴云北，连呼万岁三。爱日逢南至，波臣亦至南[1]。

这里的“遥浴日”，不知是重登浴日亭北向遥拜，还是遥临浴日亭北拜，但可以肯定此番的浴日亭不是往游罗浮之前夜宿的浴日亭，因为时间上不合。

每逢佳节倍思亲。思亲没有形诸文字，念友倒是见诸笔端，汤显祖写下了《至日怀刘兑阳太史》：“合乐清斋夜，春墀拜舞除。苍梧有云气，太史不曾书。”[2] 又有《至日怀邹尔瞻比部》：“君从寒谷起，我向日南来。不知仙琯里，还有自飞灰。”[3] 这一次，汤显祖还写了一首《看番禺人入真腊》：“槟榔舶上问郎行，笑指贞蒲十日程。不用他乡起离思，总无莺燕杜鹃声。”[4] 这首诗值得特别关注。因为在汤显祖的年代，反映洋舶夷人来广州做生意的诗文还有一些，反映广州人赴海外经商谋生的则甚少。这也间接显示了汤显祖对商人群体的关切。

汤显祖还有一首《东莞江望白云山》：“霍靡番禺路，青山间白云。轻霄含缥缈，从荟出氤氲。向接苍梧影，微销碧海氛。安期留舄远，仙馆若为分。”[5] 当为下罗浮后从博罗乘舟至珠江口在东莞江段作。一是当时此行程中确有东莞江一段，且正从罗浮而来：“增江水，县城东门外，由县治东北六十里龙潭埔村接龙门县大江水而下，三十里至三江水，合派潭白泡澄溪二水；又三十里至增江，

[1] 徐朔方《汤显祖集全编》诗文卷一一，上海：上海古籍出版社2015年，第671页。
[2] 徐朔方《汤显祖集全编》诗文卷一一，上海：上海古籍出版社2015年，第671页。
[3] 徐朔方《汤显祖集全编》诗文卷一一，上海：上海古籍出版社2015年，第672页。
[4] 徐朔方《汤显祖集全编》诗文卷一一，上海：上海古籍出版社2015年，第672页。
[5] 徐朔方《汤显祖集全编》诗文卷一一，上海：上海古籍出版社2015年，第656页。

穿南山豸岭，合百花林一水；又一十五里至别情洲，东折一枝，曰牛潭水；二十五里而出东江，合罗浮东莞江水而下，西折一枝；又二十五里至鳄潭，合绥福一水……”[1]

在澳门，他从贾胡的根据地看到全新的商品经济形态：“不住田园不树桑，珴珂衣锦下云樯。明珠海上传星气，白玉河边看月光。”[2]关于澳门的“高大上”情形，嵇璜《续文献通考•四裔考》“世宗嘉靖二年，佛郎机入寇，官军击走之”条曰：“其市香山澳濠镜者，至筑室连城，雄踞海畔，若一国然。将吏不肖者，反视为外府矣。”又引《明史•佛朗机传》曰：“濠镜在香山县南虎跳门外。先是暹罗、占城、爪哇、琉球、浡泥诸国互市，俱在广州设市舶司领之，正德时移于高州之电白县。嘉靖十四年，指挥黄庆纳贿请于上官，移之濠镜，岁输课二万金，佛郎机遂得混入。高栋飞甍，栉比相望，闽粤商人趋之若骛。久之，其来益众，诸国人畏之，遂专为所据矣。”[3]如此描述，澳门简直是海上仙境，与汤显祖的观感十分吻合。

汤显祖一向对商贾与商肆繁盛有好感。他的出生地抚州“人稠多商，行旅达四裔”，有深厚的经商传统。有的人为了经商，甚至“弃妻子老死不归”[4]，后出方志甚至傅维鳞的《明书》，都征引此说以形容抚州人的从商之热[5]；前述汤显祖殁于东莞的再从父，可谓“老死不归”最切近的例子。汤显祖也以家乡的商肆繁盛而自豪，

[1] ［清］蔡淑《增城县志》卷一，清康熙二十五年刻本。

[2] ［明］汤显祖《香岙逢贾胡》，徐朔方《汤显祖集全编》诗文卷一一，上海：上海古籍出版社2015年，第674页。

[3] 卷二百三十七，清文渊阁四库全书本。

[4] ［明］邓元锡《方域记》，［清］谢旻《（康熙）江西通志》卷二六，台北：成文出版社有限公司1967年，第581页。

[5] ［清］傅维鳞《明书》卷四十，畿辅丛书本；童范俨《（同治）临川县志》卷十二，同治九年刻本；许应鑅《（光绪）抚州府志》卷十二，光绪二年刊本，无不征引。

如他在早年所作的《金堤赋》里夸赞道：

> 䊩食鬻之齐人兮，辏殊方之末民。冠衣庞制兮，言语咿咍而不偷。乘余居近市兮，时间用其引缗。居贾辏积兮，难卒单陈。白日出暴兮璀瓅彬璘，巧蕲完兮众则须珍。瘐恶聱嗥兮争牙不均，侩驵客兮迎远津。攀来下兮辄疾鲜，阑河碕兮絙衡权。分别贾区兮更贩流转，周张脱算兮驵魁攫便，来往飞梁兮踵不得还，大贾遨翔兮连倡嬛，文丝縠缟兮莹波烟[1]。

而在其晚年所作的《豫章揽秀楼赋（有序）》，则近于歌颂了：

> 至乃郛廛表里，百物流物。辏估客之风期，泱章门于广润。精奇乎万里，舶鱼鳞于重镇。概展成而授序，纷骈击而沸震。货和台兮累槅，宝若星兮流晕。炯琲珏以弥出，孰槻铸而见吝。步旗亭以稽诣，夥阑干而售俊。敞物力之膏华，识山渊之美蕴。固硕艳之共往，取资生而适韵。然犹贵不粥于周度，贱难得于老训。禀方岳之理静，忘关赋之征峻。市无扰以无虞，贾亦廉而亦信[2]。

这种态度的递进，或许就与澳门行有关。他有一首《看贾胡别》："金钗击鼓醉豪呼，桂树高楼啼夜乌。不信中秋月轮满，年年海上看明珠。"[3]徐朔方先生未系年，显系在澳门时所作——只有在澳门，

[1]［明］汤显祖《金堤赋》，徐朔方《汤显祖集全编》诗文续补遗，上海：上海古籍出版社2015年，第2187页。据徐笺，当作于万历五年。

[2]［明］汤显祖《豫章揽秀楼赋》，徐朔方《汤显祖集全编》诗文卷二七，上海：上海古籍出版社2015年，第1409页。据徐笺，当作于万历二十六年。

[3] 徐朔方《汤显祖集全编》诗文卷二一，上海：上海古籍出版社2015年，第1266页。

才可能有夷人登楼醉酒；广州虽可商，然不许居也。这种商人别离的豪迈场景，大异于传统中国的离怀别绪，更不用说商人的有家难顾，凄怀道中了。另一首《逢卖玉者》："万里于阗片玉输，到来连日价倾都。安知几岁金台下，卞子无缘似贾胡。"[1] 也表达了对贾胡的欣羡之情——当年卞和献玉，两次刖足，如今贾胡献宝，备受尊敬——要是卞和能像贾胡一样就好了。以卞子比贾胡，或可有人才终见用的隐喻；《牡丹亭》里写柳梦梅自诩"献世宝"，在这首诗里，我们仿佛看到了"前戏"。

《听香山译者》（二首），当是汤显祖见了贾胡等人物场景之后，进一步了解其生意往返之地的问答：

占城十日过交栏，十二帆飞看溜还。
握粟定留三佛国，采香长傍九州山。

花面蛮姬十五强，蔷薇露水拂朝妆。
尽头西海新生月，口出东林倒挂香[2]。

第一首开篇说的占城是汤显祖早已关注过的地方，前已有述。这里他关注的是更远的地方：从占城（在今越南中部，古籍中也有称林邑的）乘坐十二帆的夷船，十天便可抵达交栏山（即今印度尼

[1] 徐朔方《汤显祖集全编》诗文卷二一，上海：上海古籍出版社2015年，第1266页。
[2] 徐朔方《汤显祖集全编》诗文卷一一，上海：上海古籍出版社2015年，第673页。

西亚的格兰岛）[1]。再远，还可以去溜山洋国看看；溜山洋国产龙涎香[2]，此明廷所重之物。后两句应该是互文，意即至于是留在三佛国采香好呢，还是到九州山（今马来半岛霹雳河口外）采香好，通过握粟占卜来决定；三佛国与九州山均盛产香料[3]。握粟占卜是中国传统的占卜方式[4]，移以代言夷人之占。第二首主要描述花面蛮姬，不少学者以为这是中国古代诗歌中描写西洋少女最早的一首[5]，非也。花面蛮姬，当指花面国的少女。明费信《星槎胜览》谓花面国：

> 其国与苏门答剌（今苏门答腊）邻，境傍南巫里洋，逶迤山地，

[1]　[明]费信《星槎胜览》："交栏山：自占城灵山起程，顺风十昼夜可至。其山高而丛林，藤竹、舵杆、桅樯、篷箬，无所不备。胡元时命将高兴、史弼领兵万众，驾巨舶征阇婆，因遭风，至交栏山下。其船多损，乃登此山，造船百号。复征阇婆，擒其酋长而归。至今居民有中国人杂处。盖此时病卒百余，留养不归，遂传育于此。气候常暑，少米谷，以射猎为业。男女椎髻，穿短衫，系巫仑布。地产豹熊、鹿皮、玳瑁，货用米谷、五色绢、青布铜器、青碗之属。"北京：中华书局1991年，第4页。

[2]　[明]费信《星槎胜览》："溜山洋国：自锡兰山别罗里南去，顺风七昼夜可至其山……地产龙涎香，货用金银、段帛、磁器、米谷之属。其酋长感慕圣恩，常贡方物。传闻又有三万八千余溜山，即弱水三千之说也。"北京：中华书局1991年，第15页。

[3]　[明]费信《星槎胜览》："旧港，古名三佛齐国。自爪哇顺风八昼夜可至其处。……地产黄熟香、速香、降香、沉香、黄蜡、鹤顶之类。""九州山：其山与满剌加近，产沉香、黄熟香，林木丛生，枝叶茂翠。永乐七年郑和等差官兵入山采香，得径有八九尺、长六七丈者六株，香味清远，黑花细纹，人张目吐舌，言我天朝之兵威力若神。"北京：中华书局1991年，第6、11页。

[4]　[春秋]《管子·小匡》曰："庶神不格，守龟不兆，握粟而筮者屡中。"沈阳：辽宁教育出版社1997年，第76页。

[5]　比如邹自振《从汤显祖诗、剧见葡占澳门风情》说："这首诗无疑是中国古代诗歌中描写西洋少女最早的一首。"《光明日报》2003年6月25日。著名历史学者汤开建教授也持此说，并谓"尽头西海"指葡萄牙，更误。见所著《汤显祖与澳门》，《广西民族大学学报》（哲学社会科学版）2001年9月第23卷第5期，第66页。

> 田足稻禾，气候不常，风俗淳厚。男子皆以墨刺面，为花兽之状，猱头裸体，单布围腰；妇女围色布，披手巾，椎髻脑后。地多出牛羊、鸡鸭、罗布，强不夺弱，上下自耕而食。富不骄，贫不盗，可谓善地矣。地产香味、青莲花，近布那姑儿一山产硫黄；我朝海船驻扎苏门答剌，差人船于其山采取硫黄。货用段帛磁器之属。其酋长感慕恩赐，常贡方物[1]。

当是以墨刺面，是谓花面。元人汪大渊说：“其山逶迤，其地沮洳，田极肥美，足食有余。男女以墨汁刺于其面，故谓之花面，国名因之。”[2]再则，这蔷薇水，也不可以今律古当作西方香水看，明末清初的屈大均已明确指出其为南洋土产：“外有蔷薇水，暹罗、爪哇、满剌加三国襄以进贡。其蔷薇乃三佛齐所种，与中国蔷薇不同。”[3]而且这种南洋蔷薇露（水），中国很早就引进使用，更不可以西方香水视之。在北宋广州安抚使蒋之奇的官宴上，就有昆仑奴来倒蔷薇水的情景：“鬼奴金盘献羊肉，蔷薇瓶水倾诸怀。”[4]只是不知道这蔷薇水是用来喝呢，还是用来干吗？至于西海亦即东西洋的西洋，当时指印度洋一带，贸易所常往来的地方[5]，前述的溜山及古

---

[1] ［明］费信《星槎胜览》，北京：中华书局1991年，第13页。

[2] ［元］汪大渊《岛夷志略》，北京：中华书局1981年，第234页。

[3] ［清］屈大均《广东新语》卷十四《食语·荼蘼露》，北京：中华书局1985年，第390页。汤开建《汤显祖与澳门》文注出处为《广东新语·澳门》条，误。

[4] ［宋］郭祥正《广州越王台呈蒋帅待制》，载所著《青山集》卷八，四库全书本。

[5] 西洋各国，乃广州最传统的经商往来国；在明初四口通商时，广州更侧重于此——“宁波通日本，泉州通琉球，广州通占城、暹罗、西洋诸国。”［清］张廷玉《明史》卷八十一志第五十七食货五，长沙：岳麓书社1996年，第1164页。

里等国，都在西海，皆产香，尤其是溜山，还产龙涎香[1]。倒挂香，当即倒挂鸟所藏所释之香，东西海诸国多产。比如爪哇国，“其倒挂鸟，身形如雀，而羽五色。日间焚好香，则收而藏之羽翼，间夜则张尾翼而倒挂以放香”。爪哇与明朝有朝贡关系：“我朝太宗文皇帝遣正使太监郑和等，捧诏敕赏赐国王王妃及部领村主，咸受天赐；其国王遣使络绎进贡方物。”[2]

当然，时人也有接近今日西洋观者，如王临亨说：“西洋之人，深目隆准，秃顶虬髯……”然而又说：“西洋古里，其国乃西洋诸番之会……”[3]但他对于西洋的具体地理方位，也好似不甚了了。就上述诸诗所涉地点人物，尤其是对香的特别关注看，汤显祖眼里的西洋，就更只是在今南洋之西边，传统的东西洋之西洋了。又，当时在澳门做生意的，绝不只葡萄牙人，而且主要不是葡萄牙人，只不过筑室而居此的基本是葡萄牙人而已：“明初互市广州，正德时移于电白县，嘉靖中又移濠镜者，则有若暹罗、占城、爪哇、琉球、浡泥诸国；其后筑室而居者，为佛郎机；始与佛夷争市，继而通好求市者，和兰也；以澳为逋薮者，倭也。”[4]明王临亨也说，由于“夷

---

[1]［明］焦竑《国朝献征录》曰：“古里，西洋大国。自柯枝舟行三日可至。永乐三年，其酋沙米的遣使随中使尹庆人贡，诏封为古里国王，赐印诰衣币，其后屡入贡。……产骏马、白鸠鸦、鹘石、诸香。”又曰：“溜山，在西海中，有石门如城阙，中有八村，皆以溜名。小溜甚多，舟行入溜即溺，世传弱水三千所，其地也。其人巢居穴处，食鱼虾，衣树叶，气候常温。永乐中，国王亦速福凡再贡。产溜鱼、龙涎香，嵌丝帨、织金帕。”明万历四十四年徐象橒曼山馆刻本，卷一百二十四。又［明］王临亨《粤剑编》卷三《志外夷》：“西洋古里，其国乃西洋诸番之会，三、四月间入中国市杂物，转市日本诸国以觅利，满载皆阿堵物也。余驻省时，见有三舟至，舟各责白金三十万投税司纳税，听其入城与百姓交易。”北京：中华书局1987年，第91页。时为万年二十九年事。

[2]［明］费信《星槎胜览》，北京：中华书局1991年，第5页。

[3]［明］王临亨《粤剑篇》，北京：中华书局1987年，第91页。

[4]［清］印光任、张汝霖《澳门记略》，广州：广东高等教育出版社1988年，第46页。

人金钱甚夥，一往而利市数十倍，法虽严，不能禁也”，各方人等，破禁而入，“今聚澳中者，闻可万家，已十余万从矣”[1]。这十万之众中，显然葡人占少数。再则，葡萄牙人先是侵占满剌加等地，并与明廷开贡市，其所贡市之物，自然多是今南洋所产[2]。此外，时人也并未将葡萄牙与南洋诸番相区隔：“广东去西南之安南、占城、暹罗、佛郎机诸番不远，诸番载来乃胡椒、象牙、苏木、香料等货。船至报水，计货抽分，故市舶之利甚广。”[3]

上面列举的汤显祖澳门行的几首诗，无不及于香与香事，其中大有因缘。如果说当时中国出口的主要是丝绸和茶叶，进口的则主要是各种香料。当时的葡萄牙人就记录道：

> 中国输出的大宗商品为本色湖丝，数量甚巨；大量散装的彩色丝绸，各种颜色的缎子，五颜六色带格子图案的“恩罗拉多斯”锦缎，塔夫绸与薄如蝉翼的纱，以及其他各种五彩缤纷的丝绸……（进口的）大宗商品为胡椒——中国人每年要购买十船胡椒，如果能有许多胡椒运往中国的话——丁香、少量的肉豆蔻，一些木香和儿茶。中国人还大量购买薰香、象牙、锡、药用芦荟、堆积如山的婆罗洲樟脑、红色的烧珠、白檀、苏木……[4]

而进口诸香之中，最贵重也影响最巨的，当属龙涎香，朝廷还特为此设了验香所。汤显祖作有《香山验香所采香口号》：“不

[1] ［明］王临亨《粤剑篇》卷三《志外夷》，北京：中华书局1987年，第92页。

[2] ［清］张廷玉《明史·列传·外国六》：“佛郎机，近满剌加。正德中据满剌加地，逐其王。（正德）十三年，遣使臣加必丹末等贡方物请封，始知其名。诏给方物之直，遣还其人久留不去……”长沙：岳麓书社1996年，第4830页。

[3] ［明］俞大猷《论海势宜知海防宜密》，《正气堂集》卷七，清道光刻本。

[4] ［葡］皮雷斯《1515年葡萄牙人笔下的中国》，《中外关系史译从》第4辑，上海：上海译文出版社1988年，第274—289页。

绝如丝戏海龙，大鱼春涨吐芙蓉。千金一片浑闲事，愿得为云护九重。”[1] 汤开建《汤显祖与澳门》一文说验香所这一机构不见载于明代史籍，可补阙[2]。可见其为特设机构，亦可见香之贸易在澳门口岸中的重要地位；尤其是朝廷对于龙涎香的需求，更是影响到葡澳与广州的贸易方式。这首诗写的“芙蓉”，应该就是指龙涎香。徐朔方先生认为指“鸦片”，主要证据之一是《本草纲目》[3]。对此争议不少，更有人通过考证鸦片来华的历史，说不可能是鸦片，愈益偏离论题。其实，张燮《东西洋考》卷四“龙涎香”条记载：

> （宋张世南）《游宦记闻》云：“龙涎香最贵重，出大食国。海旁常有云气出山间，土人即知龙睡其下，要相守之，俟云散，知龙已去，往求必得龙涎。入香，能收敛脑麝清气，虽数十年香味仍在。得其真和香焚之，翠烟袅空，结而不散。或言涎有三品，一曰泛水，一曰渗沙，一曰鱼食。泛水则轻浮水面，善水者伺龙出随取之。渗沙则凝积多年，渗入沙中，鱼食则化粪，散于沙碛。又鱼食亦有二种。海旁有花若木芙蓉，花落海，大鱼吞之腹中；先食龙涎，花咽入，久即胀闷，昂头向石上吐沫，干枯可用。惟粪者不佳。若散碎，皆取自沙，渗力薄。欲辨真伪，投没水中，须臾突起，直浮水面。或取一钱，口含之，微有腥气，经一宿，细沫已咽，余结胶舌上，取出就淖，称之亦重一钱；将淖者又干之，其重如故。虽极干枯，用银簪烧热，钻入枯中，抽簪出其涎，引丝不绝[4]。

[1] 徐朔方《汤显祖集全编》诗文卷二一，上海：上海古籍出版社2015年，第1256页。
[2] 《广西民族大学学报》（哲学社会科学版）2001年9月第23卷第5期，第68页。
[3] 徐朔方《汤显祖评传》，南京：南京大学出版社1993年，第85—86页。
[4] ［明］张燮《东西洋考》卷四《西洋列国考•哑齐•物产》，北京：中华书局1981年，第74页。

由此可知，诗中所述，当是龙涎香的来由。《东西洋考•逸事考》又说，龙涎香“每两价百金，然得此甚难”。既非常贵重，又极稀罕，偏偏明廷好之。《明史•食货志》称：“（世宗）中年以后，营建斋醮，采木采香，采珠玉宝石，吏民奔命不暇。”“又分道购龙涎香，十余年未获，使者因请海舶入澳，久乃得之。”[1]《明实录》也说，龙涎香不仅难得，而且优劣难辨，或因此有专门设所之需；嘉靖三十五年八月壬子：

> 上谕户部：“龙涎香十余年不进，臣下欺怠甚矣。其备查所产之处，具奏取用。”户部覆请差官驰至福建、广东，会同原委官于沿海番舶可通之地，多方寻访，勿惜高价。委官并三司掌印官各住俸侍罪矣，获真香方许开支。疏入，上姑令记诸臣罪，克期访买，再迟重治。仍令差官一员，于云南求之。其官民之家有收藏者，许自进献给价，时采芝、采银、采香之命并下，使者四出，官司督趣，急于星火[2]。

又嘉靖四十四年二月戊子：

> 上谕内阁曰：累年诏户部访取龙涎香，至今未足三四斤数，此常有之，物只不用心耳。昔梁材诽为世无之者。皇祖永乐大典内有此品，且昨斤两不足，虚费价。耀尝加恩，如何似此忽诸。于是户部尚书高耀惶恐待罪，请遣使广东、福建，趣抚按官百方购之。上曰：“香品旧例，用制万岁香饼，非因斋修。梁材诽慢，

[1] 《明史》卷八十二志第五十八食货六，长沙：岳麓书社1996年，第1170页。

[2] ［明］张溶《明世宗肃皇帝实录》卷四百三十八，钞本。

尔等何为效之。”其实访取真品，每次以三五斤进用已。耀先购一斤八两进之，云得之民间物也[1]。

何乔远《名山藏·典谟记》在征引实录相关文字后，对龙涎香的采集、价格与辨别及使用有详细的描述：

龙涎香出苏门答剌国。其国西有龙涎屿，独峙南巫里洋之中，群龙交戏其上，遗涎焉。国人驾独木舟伺采之，每一斤值其国金钱一百九十二枚，准中国铜钱九千文。嘉靖三十四年，下户部取香百斤，遍市京师不得。下诸藩司采买，部文至广东，台司集议，悬价每斤银一千二百两，仅访买得十一两。上进，内验不同，姑存之，亟取真者。部文再至广州，狱夷囚马那别的贮有一两三钱，上之，黑褐色。密地都密地山夷人继上六两，白褐色。细问状云：黑者采在水，白者采在山，皆真不赝。寻有密地山商再上，通前其得十七两二钱五分。次年进入内，辨验是真，许留用。自后夷舶闻上供，稍稍挟来，市始定价每香一两价百金。龙涎之为用也，入香合和，能收敛脑麝清气，虽数十年香味仍在。得其真者和香焚之，翠烟袅空不散。或言涎沫有三品，曰泛水、曰渗沙、曰鱼食。泛水则轻，浮水面，善水者伺龙出随取之；渗沙则凝积多年，气渗沙中，鱼食则化；粪散于沙碛。惟泛水者可入香用。又言鱼食亦有二种，海旁有花，若水芙蓉，春夏间盛开，花落海，大鱼吞之；若腹肠中先食龙涎花，咽入久，即胀闷，昂头向石上吐沫，干枯可用。惟粪者不佳[2]。

[1]［明］张溶《明世宗肃皇帝实录》卷五百四十三，钞本。

[2]［明］何乔远《名山藏·典谟记》卷二十八，明崇祯刻本；［清］赵学敏《本草纲目拾遗》卷十，清同治十年吉心堂刻本，综述各家所记，更为详尽，可以参看。

龙涎香既如此珍贵难得，那真是“千金一片浑闲事，愿得为云护九重”了。但又何尝不可以理解为是一种揶揄呢？再联系到汤显祖在《牡丹亭•谒遇》中的描写：“【前腔】天地精华，偏出在番回到帝子家。禀回老大人，这宝来路多远？（净）有远三万里的，至少也有一万多程。（生）这般远，可是飞来、走来？（净笑介）那有飞走而至之理，都因朝廷重价购求，自来贡献。”则实可以理解为揶揄。这种揶揄，在剧中进一步化为嘲讽：“（生叹介）老大人，这宝物蠢尔无知，三万里之外，尚然无足而至；生员柳梦梅，满胸奇异，到长安三千里之近，倒无一人购取，有脚不能飞！……【三学士】你带微醺走出这香山罅，向长安有路荣华。（生）无过献宝当今驾，撤去收来再似他。”戏里的“宝”，应当就是指龙涎香。

龙涎香以及其他宝物的采购，也在一定程度上改变了明朝对外贸易的政策和格局。早在永乐时期，广州口岸的贸易已是“奇货重宝，前代所希，充溢库市，贫民承令博买，或多致富，而国用亦羡裕”。也正是从永乐年间起，明政府开始突破洪武时期“不许有官牙、私牙”的厉禁，对于贡舶，“许带他物，官设牙行，与民贸易，谓之互市”[1]。这是扩大外贸的重要契机。本来，“私通番货”是违法行为，但随着牙行的设立，贡舶到来，牙行前往看货报官抽分后，可以领内商到贡舶上交易。尤其是正德中，因朝廷要广东收买龙涎香上交，布政使吴廷举无法交差，便“不问何年，来即取货，致番舶不绝”[2]，

[1] ［明］嵇璜《续文献通考》卷二十六《市籴考》，清文渊阁四库全书本。

[2] ［清］张廷玉《明史•列传•外国》：“（正德）十五年，御史丘道隆言，满剌加乃敕封之国，而佛郎机敢并之，且啖我以利，邀求封贡，决不可许。宜却其使臣，明示顺逆，令还满剌加疆土，方许朝贡……御史何鳌言‘……近因布政吴廷举谓缺上供香物，不问何年，来即取货，致番舶不绝于海澨，蛮人杂沓于州城。禁防既疏，水道益熟。此佛郎机所以乘机突至也。乞悉驱在澳番舶及番人潜居者。’”长沙：岳麓书社1996年，第4830页。

私舶贸易进一步扩大，并逐步取代贡舶贸易成为主体。与此相应，贸易的场所也不拘于贡舶上，甚至可以进入广州城内；万历六年起，朝廷特地在每年秋冬两季，允许葡萄牙商人到广州参加为期数周的定期市（交易会），直接与在广州的内商贸易。

最后我们来看看，皇帝如此搜求龙涎香，到底是为了什么；其实宫闱之事，只能推知。最接近真相的说法，来自于亲眼见过龙涎香的王临亨：

> 龙涎香，大海中山岛下龙潜处有之，没入觅取，多为龙所害。致之甚难，不啻如颔下珠也。每两价值百金。广州府库向有数两，储以备官家不时之需，税使闻之，悉夺而进御矣。余闻是香气腥，殊不可近，有言媚药中此为第一者[1]。

原来是做“媚药”的，且为“媚药”第一；联想到正德皇帝数下江南、万历皇帝久不临朝的故事，不禁令人莞尔。

由于香料贸易在明代进口贸易中的重要地位，特别是龙涎香的特殊地位和影响，我们用了很大篇幅来讨论香的问题。汤显祖澳门行的诗篇之所以多及于香，当也因此之故。除此之外，人们对其澳门诗篇的另一重要关注，即认为他是第一个描写澳门的诗人。如果说形于歌咏，固然，如以具体描写澳门夷人生活论，叶权写于嘉靖四十四年的《游岭南记》，即已非常细致。如说其人，无论男女，皆有准确描述：“岛中夷屋居者，皆佛郎机人，乃大西洋之一国。其人白皙洁净，髡发多髯，鼻隆隆起，眉长而低，眼正鼻。顶红帽，着裤袄，以撒哈喇为之……妇人更洁白，华鬘被首，裹以幅布，或用锦绣，耳缀金环，拽皮履，以大幅布或锦绣从顶

[1]［明］王临亨《粤剑篇》卷三《志物产》，北京：中华书局1987年，第88页。

上披下拖地，止露其面，杂佩珊珊……”尤其是对其妇人的描述，显与汤显祖所描述的“花面蛮姬”异，认为汤显祖首写西洋女子者，误矣！又写其宗教崇拜曰：“事佛尤谨，番书旁行，卷舌鸟语，三五日一至礼拜寺，番僧为说因果，或坐或起，或立或倚，移时，有垂涕叹息者。其所事神像，中悬一檀香雕赤身男子，长六七寸，撑挂四肢，钉著手足，云是其先祖为恶而遭此苦，此必其上世假是以化愚俗而遏其凶暴之气也……”则其此时于天主教尚不甚了了，宜汤显祖也以番僧相称。叶权也非常具体地写到葡萄牙人的饮食，只是未能如后来的王临亨一尝其味：“火食，饮西洋酒，味醇浓，注玻璃杯中，色若琥珀，无匙箸，用西洋布方尺许，置小刀其人，人一事手割食之。”[1]

[1] ［明］叶权《贤博篇·游岭南记》，北京：中华书局1987年，第45页。

第六节　炎海诣徐闻

汤显祖访游澳门之后，经恩平、阳春赴徐闻。《度广南蚬江至长沙口号》为见载的此行所写的第一首诗："树惨江云湿，烟昏海日斜。寄言贾太傅，今日是长沙。"[1] 徐朔方先生笺曰："长沙，长沙墟，在广东开平县南三十里，临蚬江。"然未详所据。此长沙，即当今开平市区的长沙街道，在过去是开平的主要渡口和商埠之一，商船可直抵省城广州。余棨谋《（民国）开平县志》说："县境渡船往来，向以苍城、长沙、赤坎、金山、水口五处为总汇……省城渡即广州渡，旧用帆船，逢七开往，十日始一往返。"[2] 开平长沙不仅可舟抵省城，也可抵澳门。余丕承《（民国）恩平县志》收录了邑人吴松《闻警》诗，序曰："己巳（1869 年）五月十三日，洋匪焚掠甘竹滩上下镇岸，直抵长沙埠，获财物妇女无数，放炮鸣钲，饱扬而去。"[3] 甘竹滩在顺德，以出产鲥鱼著，地近香山了。由此可侦知汤显祖从香山而过此，甚合情理；岭南称长沙的小地名固夥，但不应太小太无名，同时又应在其西去徐闻的路上，故当以此长沙为宜。只是蚬江典籍故有载，未有与长沙勘合者，姑存疑。

[1] 徐朔方《汤显祖集全编》诗文卷一一，上海：上海古籍出版社2015年，第675页。
[2] 卷十一，民国二十二年铅印本。
[3] 卷二十二，民国二十三年铅印本。

又，汤显祖有尺牍《答徐闻熊令》曰："疏愚之资，孤焉瘴海。天幸得挹长者眷眷。还乡病起，更辱远谕，乃至处以餐饯。徐闻几许闲田，添尉一口，可谓荒饱矣。九日欲吊长沙，怀湘而雷，一宿贵生书院，视海上人士自贵其生何如也？万里炎溟，冰雪自爱。"[1] 徐朔方先生笺为贬后回临川小住时，恐非是。临川入粤，绝无由远道数百里绕道湖南长沙之理，后来事实证明，他的粤行之路，也非临时改回，其间毕竟有诸多亲戚师友约送、探访、凭吊于途次。其曰"孤焉瘴海"，似已入岭南。"九日欲吊长沙"之长沙，如指开平长沙，则甚合；其在《度广南蚬江至长沙口号》诗中也正有凭吊贾长沙之语："寄言贾太傅，今日是长沙。"先是其往澳门，十一月初七日已抵黄埔一带，顺水而下，轻舟当日最迟次日即可抵澳门，则九日可水路出发往长沙，时间上也吻合。值得注意的是，从信中看，不仅他的食宿熊县令早已替他安排好了，"贵生书院"之名，汤显祖也早想好了；这也反映他对徐闻海上之民轻生好斗的民风早有了解。更应值得我们珍视的是，他之开讲贵生书院，并非一种权宜之计，而是一种情怀，一种使命。

开平明时分属恩平，在县东，清顺治六年始立县。《恩平中火》当稍后作："海气层云尽，山烟远烧浮。孤臣随早晚，一饭是恩州。"[2] 弃舟登岸，骑马陆行，自然海气尽而山烟浮。后两句意为我孤臣一人，早点晚点都不要紧，赶到恩州即阳江或阳春再吃饭吧。恩州乃旧州名，治所在阳江，唐太宗贞观二十三年（649 年）从高州析建，下辖阳江县、西平县、阳春县、杜陵县等，于洪武元年废除，阳江、阳春划归肇庆府管辖。恩平在屡经归并之后，随着成化十四年（1478 年）正式设立广东肇庆府恩平县后，恩平县的称谓稳定地沿用至今。

[1] 徐朔方《汤显祖集全编》诗文卷四四，上海：上海古籍出版社2015年，第1771页。
[2] 徐朔方《汤显祖集全编》诗文卷一一，上海：上海古籍出版社2015年，第675页。

《恩州午火》当抵达阳江之后所作；其所述进食情状，也与前诗合："逐客恩州一饭沾，伏波盘笋见纤纤。炎风不遣春销尽，二月桃花绛雪盐。"[1] 此诗往往被视为归程所作，并据以推断汤显祖离开徐闻时为次年二月，所据乃"二月桃花"一语，显非[2]。事实当是冬日炎炎，仿佛春事未尽，桃花早开。如真是二月，何来"春销尽"？前已有述，汤显祖十一月初七冬至日赴澳门途经南海神庙一带，至此当在十一月中旬，即以2015年（乙未）为例，因为冬暖，广州已可见桃花开放；阳江更近海，更偏南，更炎热（平均温度通常要高二至三摄氏度），更可见桃花开放。但是，无论如何迟，绝不至于迟至二月始放桃花，连冬天时寒至下雪的粤北山区也不至于如此之迟。时人王临亨曰："粤中时候最早，桃李之属，皆以冬杪发花。惟菊花独迟，至仲冬始放。应是阳和早回，故群芳先春而吐；炎炎蒸难散，故金英后秋而开也。余以正月二十五日过庐陵，时桃李方吐萼，五日后抵南雄，枝头桃实大已如豆矣。志称'庾岭梅花，南枝先放'，夫岂欺我！"[3] 粤中菊花仲冬放，桃李则中冬放，粤南近海的阳江，十一月中旬则必已盛放矣。更早的安徽人叶权在其纪于嘉靖四十四年的《游岭南记》也说："广州十月梅正花，岁底桃李悉放，如岭北二月初。"[4] 最合汤显祖诗意。

---

[1] ［明］汤显祖《恩州午火》，徐朔方《汤显祖集全编》诗文卷一一，上海：上海古籍出版社2015年，第690页。

[2] 如汤开建教授《汤显祖与澳门》指出："据徐朔方先生言，'汤显祖在徐闻停留半年'此言并不准确。其实汤氏在徐闻居停最多二月，这从他归途之诗《恩州午火》即可证：'炎风不遣春销尽，二月桃花绛雪盐'。归途过恩州时还是'二月'，则可知汤显祖在徐闻居停时间充其量不过两个月。"《广西民族大学学报》（哲学社会科学版）2001年第23卷第5期，第66页。

[3] ［明］王临亨《粤剑篇》卷二《志土风》，北京：中华书局1987年，第76—77页。

[4] ［明］叶权《贤博篇》，北京：中华书局1987年，第47页。

当时也确实炎热，以致嗣后汤显祖避热而入海[1]。阳江产红盐，色如绛，直到民国时期，犹有出产；已故中山大学著名历史学家戴裔煊教授，就出生在阳江盐场主家庭。如二月之桃花与如绛雪之红盐，是阳江给予汤显祖强烈的视觉印象，故吟入诗篇。又，如果归途二月始到阳江，那他如何可能既先回临川家中休整一段时间，然后再在三月十八日赶到遂昌上任？这个时间点他在《遂昌县相圃射堂记》有明确记录："盖今上二十（1592年）有一年三月望后三日，予来遂昌。又三日，谒先圣庙，甚新。从学官诸生讲堂，堂敝，其后益庳。问所藏书，无有。问县隅中或有他学舍为诸生讲诵，无有也。四月朔，始克视事，发檄。有学使者陈公所为书，命诸生射，诸生皆对不能，云无射堂也……"[2]

《阳江道中》当此行作。诗曰："恩春少佳树，向北梅花夕。入门问小吏，知是莲塘驿。莲叶落已久，林塘映非昔。参星到庭户，素月沾檐隙。促织犹在野，无衣念行役。炎州少冰雪，流光去无迹。惟余千里心，闲房眷幽客。"[3]徐朔方先生笺为归程作，大约所据"向北"二字；此北向，当是驿路一时北折而已。前诗既为去时作，此诗言不知此是莲塘驿，则明显是初来时也；详诗意，只有行役之念，而无归乡之心。又，首言"恩春少佳树"，意即从恩平、阳春过来。考明代由广州至崖州（经徐闻）驿道，正此走向：

广州府—八十里官窑驿—四十里西南驿—四十里肇庆府高要县崧台驿（产端砚）—八十里腰古驿—五十里新昌驿—七十五里

[1] 参见［明］汤显祖《阳江避热入海，至涠洲，夜看珠池作，寄郭廉州》，徐朔方《汤显祖集全编》诗文卷一一，上海：上海古籍出版社2015年，第677页。

[2] 徐朔方《汤显祖集全编》诗文卷三四，上海：上海古籍出版社2015年，第1590页。

[3] ［明］汤显祖《阳江道中》，徐朔方《汤显祖集全编》诗文卷一一，上海：上海古籍出版社2015年，第691页。

> 独鹤驿（并属高要）—八十五里恩平驿—七十里莲塘驿—六十里西平驿—六十里阳春县乐安驿—六十里太平驿（阳江县）—六十里立石驿（电白县）—一百里那夏驿（茂名县）—七十里高州府茂名县古潘驿（西去廉州府）—南九十里陵水驿（化州）—一百十里新和驿（石城县，今廉江）—一百里桐油驿（遂溪县）—六十里城月驿（属遂溪）—九十里雷州府海康县雷阳驿—六十里将军驿（属海康）—七十里英利驿—一百里沓磊驿（并属徐闻县）—渡海—六十里白沙驿（属琼山）—十里琼州府琼山县琼台驿（东去万州）—西四十里西峰驿（澄迈县）—七十里朱崖驿（临高县）—六十里……琼州府东去万州路本府—东七十里宾宰驿—四十里文昌驿—四十里长岐驿（并属文昌县）—五十五里永丰驿（会同县）—四十里温泉驿—四十五里多陈驿（属万州）—四十里万州万全驿—西一百里陵水县[1]。

承前诗，往阳江方向前行，及于莲塘驿，除诗中有咏及，还有一首专门的《莲塘驿》诗："阳春驿晚看莲塘，白马山来海焰长。不似江南青菡萏，止因炎热当秋霜。"[2] 从诗中所示时令看，来时作甚明。白马山，清屠英《（道光）肇庆府志》引《广东舆图》曰："在（恩平）城北六十里，高百余丈，山势如马奔驰，故名。"[3] 亦证是从恩平过来。而对气候的炎热，则再三致之。如此炎热，桃花早开，避热入海，一切顺理成章。按：屠英《（道光）肇庆府志》谓：

[1]［明］黄汴《一统路程图记》，杨正泰点校，载所著《明代驿站考》（增订本），上海：上海古籍出版社2006年，第227页。［清］马呈图《（宣统）高要县志》卷八亦曰："驿陆路：崧台驿—八十里至腰古驿—五十里至新兴县—七十里至独鹤驿—一百二十里至恩平县—七十里至莲塘驿—六十里至阳江县—六十里至乐安驿—六十里至新会县蚬冈驿乐安驿分路—九十里至阳春县。"民国二十七年重刊本。

[2] 徐朔方《汤显祖集全编》诗文卷一一，上海：上海古籍出版社2015年，第675页。

[3] 卷二，清光绪二年重刊本。

“莲塘驿，在（阳江）县东北六十里。”[1] 张以诚《（民国）阳江志》在例举了汤显祖的这篇纪行后注曰：“莲塘驿者，阳江东境之通衢也。”[2] 只是汤诗首句将其与阳春相连，颇有不解，存疑于此，以待方家。当然，或许是汤显祖随用阳春之名。譬如，他在《阳江避热入海，至涠洲，夜看珠池作，寄郭廉州》中，劈头说“春县城犹热”，春县即阳春，而题指阳江。

从明代驿路设置看，从广州赴徐闻本应经肇庆、高要至恩平、阳春，但汤显祖系从澳门过来，未曾经过。故纪行诗吟咏不及，回程始补；去时所历，则不复及。因此，以上诸诗，都应该系为去程作。

因为要避热入海，汤显祖过莲塘驿后，往西南海陵岛行，并一路游历；纪于诗的有《阳江无底潭》《阳江望夫石》及《海陵观徐神翁像》。诸诗所涉地名，率皆在阳江西南方向直至海陵岛。《阳江望夫石》曰：“峰眉如黛翠如鬟，破镜迷离烟雾间。昨夜双鱼何处所？戙船多在海陵山。”[3] 望夫石在望夫山上[4]，而望夫山正是邑西迤南诸山的起点。李沄《（道光）阳江县志》说：“漠江以西诸山脉皆自望夫山而发，其一自望夫东行，起罗黄嶂。又东为茅冈岭、黄纱嶂诸山，转东南伏行十里，起罗琴山……由罗琴南出者，至平冈由那罗村渡海而尽于海陵山，则阳江障海之外藩也。”[5] 文中及于罗琴山、海陵山（岛），与诗合；诗中双鱼所、戙船澳俱在

[1] 卷十，清光绪二年重刊本。
[2] 卷三十四，民国十四年刊本。
[3] 徐朔方《汤显祖集全编》诗文卷一一，上海：上海古籍出版社2015年，第676页。
[4] ［清］李沄《（道光）阳江县志》卷一：“望夫山在城西一百六十里，接电白县界，高千余丈，绵亘数十里，众峰攒立，漠江以西诸山之祖也。其西峰上有石，如人引领状，名曰望夫石。”台北：成文出版社有限公司1967年，第92页。明代著名作家徐渭亦有诗咏之：“海天万里渺无穷，秋草春花插髻红。自送夫君出门去，一生长立月明中。”见同志卷七。
[5] ［清］李沄《（道光）阳江县志》卷一，台北：成文出版社有限公司1967年，第82页。

海陵[1]。“罗琴山在城西三十里……相传晋尚书郎罗含携琴游此，故名。”[2]汤显祖《阳江无底潭》咏及之：“毒潭烟雾惢沉冥，妖怪长如金鼓声。何得罗琴隐君子，海风吹绝夜弦清。”[3]登上海陵岛，又作《海陵观徐神翁像》：

色尽神移看写生，元都衫影罩空明。
沧桑欲换题愁去，一种神仙世上情。

檀像虚无画像新，掉头不识底传神。
千秋泪迹神光里，愁看人间罗刹人[4]。

随后，汤显祖避热入海，贬所徐闻，才在“游历”中接近。但他却再一次绕道，先驱舟越过徐闻进入了北部湾，游历了属于廉州府所辖的涠洲岛，然后再从廉州上岸，徐徐赴徐闻。而其所以先来涠洲，也是在其“规划”之中的。当初被贬之际，人们很替他担心，说“徐闻吞吐大海，白日不朗，红雾四障。猩猩狒狒，短狐暴鳄，啼烟啸雨，跳波弄涨”。而他“夷然不屑，曰：‘吾平生梦浮丘、罗浮、擎雷大蓬、葛洪丹井、马伏波铜柱而不可得，得假一尉，了

[1]［清］范士瑾《阳江县志》卷一：“郎官山……南麓滨海为双鱼所城。”又曰：“宋越国公张世杰墓，在海陵岛平章山。”而“草黄山东峰为平章山，即宋太傅张世杰葬处；西南峰为马鞍山，山下为戙船澳”。清康熙刻本。

[2]［清］李沄《（道光）阳江县志》卷一，台北：成文出版社有限公司1967年，第97页。

[3] 徐朔方《汤显祖集全编》诗文卷一一，上海：上海古籍出版社2015年，第676页。

[4] 徐朔方《汤显祖集全编》诗文卷二一，上海：上海古籍出版社2015年，第1296页。徐朔方先生对此诗未系年，当作于贬途。

此夙愿，何必减陆贾使南粤哉！’”[1]据顾祖禹《读史方舆纪要》，擎雷、大蓬，并在雷州；大蓬即涠洲[2]。涠洲产珠，明张国经《（崇祯）廉州府志》：“涠洲，在珠母海中，周围一百里。珠母海，东南八十里巨海中有平江、杨梅、青婴三池，中出大蚌珠，吐寒晶，辉光明媚。”[3]再则，当时“主上方宝视金玉”[4]，除了澳门赛宝，廉州采珠也为朝廷所重。就像《牡丹亭》里往澳门有赛宝钦差，在廉州也有采珠使者；王临亨万历二十九年岭南虑囚，其中一个大案，正关于廉州采珠冤案：

有言于税使者曰：“廉池产珠，雷池亦产珠。今采使所有事者，廉池耳。公何不募民网之雷池以献，足夺采使权。”税使忻然从之，海上射利之徒云起而应募矣。采之逾月，不得一珠，税使下令罢之。其徒无从渔利，则潜往廉池盗珠，官兵追而擒之。事闻采使，采使欲以此倾税使也，指为大盗横劫海上者，具疏上闻。事下，鞫治所捕，械六十余人，悉论死，无一脱者。余将谳狱高凉……[5]

---

[1] ［明］邹迪光《临川汤先生传》，徐朔方《汤显祖集全编》附录，上海：上海古籍出版社2015年，第3138页。至于马伏波铜柱，则因东汉马援南征交趾，功成，立铜柱而返，事布史册，斑斑所在，无须另注。

[2] ［清］顾祖禹《读史方舆纪要》：“又（遂溪）县西南二百里海中有涠洲山，中有三池，旧产珠。《志》云：山团围皆海，周七十余里内有八村，人多田少，皆以采海为生。一名大蓬莱，旧为防海要隘，万历十七年以珠贼为患，增兵戍守山。”又曰：“擎雷水，在府南擎雷山下，一名南渡水。《志》云：水源有三，一出海康县北铜鼓村，一出县西鹧鸪坡，一出徐闻县界。三水合流，环绕郡治，南流七十里东入于海。”上海：商务印书馆1937年，第4305页。

[3] ［明］张国经《（崇祯）廉州府志》卷二，明崇祯十年刻本。

[4] ［明］王临亨《粤剑篇》卷四《九月十四夜话记附》，北京：中华书局1987年，第103页。

[5] ［明］王临亨《粤剑篇》卷二《志时事》，北京：中华书局1987年，第72—73页。

由此可见，廉州涠洲岛几成当时朝廷唯一采珠之地。这或许是汤显祖远道往探的另一原因。在涠洲即有诗《阳江避热入海，至涠洲，夜看珠池作，寄郭廉州》：

春县城犹热，高州海似凉。地倾雷转侧，天入斗微茫。
薄梦游空影，浮生出太荒。乌艚藏黑鬼，竹节向龙王。
日射涠洲郭，风斜别岛洋。交池悬宝藏，长夜发珠光。
闪闪星河白，盈盈烟雾黄。气如虹玉回，影似烛银长。
为映吴梅福，回看汉孟尝。弄鲔殊有泣，盘露滴君裳[1]。

汤显祖从阳江下海，海色苍茫，无所见闻，故无诗纪行；设若有所登临，即便无记，也当不会在题目中再提阳江了。题中既言由阳江入海，劈头却说（阳）春县，复又说高州海（高州不靠海），似乎汤显祖对粤西地理不甚了然。或者他混高州为高凉，旧高凉郡治在阳江地区，故曰陆上阳春县城还很热，到了高凉的海里就真的好像凉爽了。

郭廉州即时任廉州知府郭廷良，明张国经《（崇祯）廉州府志》有其传："郭廷良，福建漳浦人，由进士万历二十一年任府事。赋性刚方，执法严肃，宽仁待下，清介甘持，尤加意士类。旧有文会所，久为势豪所占，力请恢复，扁曰'文运重光'，课士其中，捐俸供给，躬自评品。士有被屈者，力为昭雪，一时文风彬彬振起。筑堤障清水江，灌陆地为田二十余顷，民至今赖之。"[2] 阮元《（道光）广

[1] 徐朔方《汤显祖集全编》诗文卷一一，上海：上海古籍出版社2015年，第677页。
[2] ［明］张国经《（崇祯）廉州府志》卷九，北京：书目文献出版社1992年，第97页。

东通志》说廉人为立祠祭祀[1]。像这样的人，当然是汤显祖所乐与往还的。然其任廉州知府年份恐不当为万历二十一年，阮志另有一说为万历二十年[2]，亦不确，因为汤显祖此诗柬显系万历十九年作。

在廉州，汤显祖还凭吊了邹汝愚，有《石城吊邹汝愚》曰："花瑶城郭异高凉，海气昏朝陆禄黄。莫为三巴愁客死，还须五日过雷阳。"[3]石城即廉州府城，今广东廉江。这里的高凉，当指阳江；其与阳江相比，也说明刚从阳江经涠洲岛而来。徐朔方先生笺为在徐闻典史任上作，恐非是，因为后面分明说了"还须五日到雷阳"，若任上出来游玩，不必强调返抵的时限，而其意也非指回程。又据《一统路程图记》："新和驿（石城县，今廉江）——一百里桐油驿（遂溪县）—六十里城月驿（属遂溪）—九十里雷州府海康县雷阳驿—六十里将军驿（属海康）—七十里英利驿——一百里沓磊驿（并属徐闻县）。"[4]揆诸里程，实需五日始可，与诗合。邹汝愚，名智，四川合州人，成化二十三年进士，改庶吉士，因直言直谏，直指辅臣，遂遭构陷，谪输廉州千户所吏目，弘治四年（1491年）因病去世，年仅二十六岁，明史有传[5]。其所上疏，可谓汤显祖《论辅臣科臣疏》的先声，其性情之慷慨豪侠亦相若，绕道往吊，情理攸当。石城亦其盘桓再三之地，其《石城送蜀客梧州》曰："春到回龙傍郁林，乱藤烟月送猿吟。鹃声莫更逢三月，销尽同乡九折心。"[6]徐朔方

[1] ［清］阮元《（道光）广东通志》卷一百五十曰："郭公祠，祀明知府郭廷良。"上海：商务印书馆1934年，第2767页。

[2] ［清］阮元《（道光）广东通志》卷三十八曰："郭廷良，福建漳浦人，进士，二十年任。"上海：商务印书馆1934年，第641页。

[3] 徐朔方《汤显祖集全编》诗文卷一一，上海：上海古籍出版社2015年，第682页。

[4] ［明］黄汴《一统路程图记》，杨正泰点校，载所著《明代驿站考》（增订本），上海：上海古籍出版社2006年，第227页。

[5] ［清］张廷玉《明史》卷一百七十九列传第六十七，长沙：岳麓书社1991年，第2582页。

[6] 徐朔方《汤显祖集全编》诗文卷一一，上海：上海古籍出版社2015年，第687页。

先生系此诗为在徐闻任上作，则其数月后的春三月间当有再返石城？存疑。

《指腕寒痛度岭所得》当此前后作："破蓬风起到擎雷，指腕侵寻末病催。纵有针神卧溪谷，可能真气一时回？"[1] 擎雷水在海康，为从廉州赴徐闻必渡之水[2]，亦证汤显祖确系先抵廉州。徐朔方先生系为过梅岭作，显非。

汤显祖最后到达徐闻的时间，当不迟于万历十九年十二月。他后来的诗文中有过明确的表示。如《寄江陵张幼君》曰："庚辰公子一再顾我长安邸中，报谒不遇。今虽阔远，念此何能不怅然也。辛卯中冬，与令兄握语雷阳，风趣殊苦。辄见贵人言之，况也永叹！近得差，一上相国墓否？役便附致问私。惟冀公子窅然时玩长沙《秋水》篇代《雍门》琴可也。"[3] 是。对张嗣修被贬雷州事，欧阳保《（万历）雷州府志》有记："张嗣修，系张居正子，以父势中一甲。戍雷。"[4]

---

[1] 徐朔方《汤显祖集全编》诗文卷一一，上海：上海古籍出版社2015年，第634页。

[2] ［清］顾祖禹《读史方舆纪要》卷一百四曰："擎雷水，在府南擎雷山下，一名南渡水。《志》云：水源有三，一出海康县北铜鼓村，一出县西鹧鸪坡，一出徐闻县界。三水合流，环绕郡治，南流七十里东入于海。"上海：商务印书馆1934年，第4304页。

[3] 徐朔方《汤显祖集全编》诗文卷四五，上海：上海古籍出版社2015年，第1789—1790页。

[4] ［明］欧阳保《（万历）雷州府志》卷十六，明万历四十二年刻本。

第三章

徐闻岁月

汤显祖约万历十九年十一月间到达徐闻后，由于谪所尚佳，朝政得人，心下颇安，故愿“海上尉当一二年，安心供职”[1]。后来在《答山阴王遂东》中也有类似的表白：“……至博士为郎，南都读书，稍畅。又以流去岭海，幸得小县，乃更不习为吏，去留无所当……”[2]再则，汤显祖既为添注典史，兼之明代待谪臣（至少在时人看来）尚宽[3]，故在徐闻得以优游从事，首要的当然是早就想好的办贵生书院讲学，其次泛海赏游，并留心风物民情，故其所遗留，有许多值得捡拾讨论。

---

[1] 徐朔方《汤显祖集全编》诗文卷四四，上海：上海古籍出版社2015年，第1746页。

[2] 徐朔方《汤显祖集全编》诗文卷四六，上海：上海古籍出版社2015年，第1852页。

[3] ［明］王临亨《粤剑篇》卷二曰：“岭南瘴疠，唐、宋以来皆为迁人所居。至宋之季，贤士大夫投窜兹土者，更未易指数。然宋季待贤士如仇，待迁人如囚，虽曰安置，去囹圄不远。范祖禹一代名儒，其卒于化州也，茕茕旅衬，其子请归葬而不可得。赵鼎，中兴贤相，贬吉阳军时，贼桧令本军月报存亡，吏人逼胁，卒以不食死。彼二苏僦居官舍，为有司所逐，又其小小者矣。如此待士，祚安得长！我国家迁客亦多处此，而近时尤夥。谪降者于地方本无事事，归卧而需后命，理亦宜然。至戍遣者亦用迁客例，遣牌驰驿，俨然以原官自处，而当事者不问也。国家法网恢弘，视赵宋何如哉！历数绵延，当以海筹量之矣。”北京：中华书局1987年，第74页。

第一节　谁悉贵生情

汤显祖在赴徐闻途中所写的《答徐闻熊令》说："疏愚之资，孤焉瘴海。天幸得挹长者卷卷。还乡病起，更辱远谕，乃至处以餐饯。徐闻几许闲田，添尉一口，可谓荒饱矣。九日欲吊长沙，怀湘而雷，一宿贵生书院，视海上人士自贵其生何如也？"[1] 从中我们发现，在一众好友的关怀下，同时在他本人与县令熊敏的沟通下，早已商定了他到徐闻后的安顿之所同时也是工作之所，即贵生书院。作为添注典史，原本是无所事事的编排闲职，而作为王学泰州学派重要传人罗汝芳的弟子，讲学则仿佛他的天职。明代中后期以来，讲学办学，屡遭申禁。但汤显祖初登进士，观政礼部，即奏请开讲，希望他的业师罗汝芳能够蒙召，以为报恩："受吾师道教，至今未有所报，良深缺然。道学久禁，弟子乘时首奏开之，意谓吾乡吏者当荐召吾师，竟尔廖廖。知我者希，玄涤所贵。"[2] 如今自己开坛徐闻，算是对老师在天之灵的一种慰藉了，无疑也是他人生历程中的重要事件。后来他在回答徐闻乡绅对他讲学的感念时，有一番夫子自道："独念'君子学道则爱人'，常见古人虽流寓一时，不肯傀焉如不

[1] 徐朔方《汤显祖集全编》诗文卷四四，上海：上海古籍出版社2015年，第1771页。
[2] ［明］汤显祖《奉罗近溪》，徐朔方《汤显祖集全编》诗文卷四四，上海：上海古籍出版社2015年，第1757页。

终日，诚爱人也。无论与诸生相劝厉，不敢虚其来，即朴莲编民，流离疍户，有见未尝不呴尉而提诱之。此自门下心神所照矣。”[1]其用心用情之深，溢于言表。

其实，最初他开讲的地方，不过是他暂居之处，颇狭小，如他的好友刘应秋《贵生书院记》所说：“徐闻之士知海以内有义仍才名久，至则摄衣冠而请谒者趾相错也。一聆謦欬，辄传以为闻所未闻焉。乃又知义仍所繇重海内不独以才，于是学官诸弟子争先北面承学焉。义仍为之抉理谈修，开发款綮，日津津不厌。诸弟子执经问难靡虚日，户屦常满，至庠舍隘不能容。”等到后来“有当道劳饷”，汤显祖与熊敏商量，才选择了一块干爽之地，用这笔钱“构堂一区，署其扁曰贵生书院，义仍自为说训诸弟子”[2]。这笔饷钱，其实就是当局给他的“安家费”[3]；他后来在给广东巡按汪云阳的信中说得很明白：“弟为雷州徐闻尉，制府司道诸公计为一室以居弟，则贵生书院是也。其地人轻生不知礼义，弟故以贵生名之。”[4]虽然刘应秋说“无几，以书来告成事，属余记之”，其实可能只建成了一两间，可以将就讲学而已。因为在他北归后的《答徐闻乡绅》中还说：“闻贵生书院成，甚为贵地欣畅。”[5]

由于书院等到汤显祖离开才建成，可知其待在徐闻时间甚短，但不妨碍他对书院的看重。他在给汪云阳的信中，要求将刘应秋的

[1]［明］汤显祖《答徐闻乡绅》，徐朔方《汤显祖集全编》诗文卷四四，上海：上海古籍出版社2015年，第1772页。

[2]［明］欧阳保《（万历）雷州府志》卷二十《艺文志》，万历四十二年刻本。

[3] 一说是汤显祖和熊敏的薪俸。见［明］欧阳保《（万历）雷州府志》卷十《学校志》：“贵生书院，万历十九年添注典史汤显祖、知县熊敏其捐资俸建于公馆东，汤显祖有记。”万历四十二年刻本。

[4] 徐朔方《汤显祖集全编》诗文卷四八，上海：上海古籍出版社2015年，第1989页。

[5]［明］汤显祖《答徐闻乡绅》，徐朔方《汤显祖集全编》诗文卷四四，上海：上海古籍出版社2015年，第1772页。

序补录入新修省志之中："兑阳兄为记，已立石。昨新志不录其文，弟思兑阳兄有道气，其文非偶然者。仁兄宜一补刻之，亦嘉惠后学意也。"[1] 他在《寄徐闻陈慎所》中也念兹在兹："贵生书院已入省志，刘公应秋记文尚遗，似宜增入。"陈慎所应是当时的书院山长，因为信中有言："惟门下加餐难老，引翊主持，幸甚。"虽曰幸甚，其实并不放心，因为信中言及贵生书院，又曰："今当草深一丈乎？"[2] 他实在是担心人走教息，故在《答徐闻乡绅》里也说："然必有人焉，加意讲德弦歌鼓箧其中，乃不鞠为茂草耳。"[3] 这种担心的更深层原因，可见于其《徐闻留别贵生书院》："天地孰为贵，乾坤只此生。海波终日鼓，谁悉贵生情？"[4]

是啊！谁悉贵生情？这又得回到他为什么那么在乎刘应秋的《贵生书院记》要入省志了，因为只有这篇记，才最悉贵生情。为了求刘应秋这篇记，他把自己写的《贵生书院说》[5] 寄给他作参考。汤显祖针对"此地人轻生不知礼义"，提出"天地之性人为贵"；所谓"人反自贱者"，即"轻生不知礼义"。汤显祖的"贵生"，首先是要"贵"生命本身之生，但又绝不仅止于生命本身。故说："孟子恐人止以形色自视其身，乃言此形色即是天性，所宜宝而奉之。"说形色即是天性，不是要退回到形色即是生，如此诚不足贵，也是孟子所担心的；而是要由形色之肉身，体悟或者上达所寄寓之天性。当然，形色不存，天性也不可求，所以也宜宝而奉之。但这只是手段，而不是目的；"知此则思生生者谁"的意思，就是知道生生所指向

---

[1] ［明］汤显祖《与汪云阳》，徐朔方《汤显祖集全编》诗文卷四八，上海：上海古籍出版社2015年，第1989页。

[2] 徐朔方《汤显祖集全编》诗文卷四八，上海：上海古籍出版社2015年，第2001页。

[3] 徐朔方《汤显祖集全编》诗文卷四四，上海：上海古籍出版社2015年，第1772页。

[4] 徐朔方《汤显祖集全编》诗文卷一一，上海：上海古籍出版社2015年，第683页。

[5] 徐朔方《汤显祖集全编》诗文卷三七，上海：上海古籍出版社2015年，第1643页。

的天性。后面连类比喻，皆是此意：“仁孝之人，事天如亲，事亲如天，故曰：‘事死如生，孝之至也。’治天下如郊与禘，孝之达也。”

为了区别与说明形色之生与天性之生，汤显祖又引入了“位”的概念：“子曰：‘天地之大德曰生，圣人之大宝曰位。’[1]何以宝此位，有位者能为天地大生广生。故观卦有位者‘观我生’，则天下之生皆属于我；无位者，止于‘观其生’，天下之生虽属于人，亦不忘观也。”天地的大德是赋予了形色之身，然而，形色之身如何成“人”，亦即超越于形色之身？这就需要观我生，即通过内省，知人之所以为人，从而臻于内圣，“则天下之生皆属于我”，“能为天地大生广生”。简单地说，圣人之“位”，就是“内省”或“内圣”；对于普通人而言，虽不至于内圣，内省总是必须的。

“故大人之学，起于知生。知生则知自贵，又知天下之生皆当贵重也。”即是说，圣贤之学，也是从对于“生”的正确理解开始的；正确理解了“生”的意义，就知道应该珍爱一己之生命，进而珍爱天下人之生命。“然则天地之性大矣，吾何敢以物限之；天下之生久矣，吾安忍以身坏之。”也就是说，个人之性，通于天地之性，决不能汲汲营营于一己之性命；天下大众的性命可谓一个绵延的整体，个体为其有机之一环，己身之好坏，关联苍生之好坏。这是一种情怀，更是一种担当。故汤显祖又引《书》曰：“无起以自臭。”并解释道：“言自己心行本香，为恶则是自臭也。”则由内省进于自修——从行为上保持洁身自好。但这还止于个体，故又引《书》曰：“恐人倚乃身。”并解释说：“言破坏世法之人，能引百姓之身邪倚不正也。”即是说，由于自身修为不好，在人群中产生了连锁的

[1] 对于“圣人之大宝曰位”及其与生之关系，他在《高致赋有序》中也有讨论：“夫崇高以富贵为大，圣人以有位为宝。英贤所以极至死之节，常人所以集资生之具，皆是物也，岂顾问哉。”见徐朔方《汤显祖集全编》诗文卷二四，上海：上海古籍出版社2015年，第1395页。

不良影响。“凡此皆由不知吾生与天下之生可贵，故仁孝之心尽死，虽有其生，正与亡等。况于其位有何宝乎！”如果不重视珍爱自身，不自省自修，仁孝尽失，则虽生犹死，何谈臻于至圣！

这是汤显祖由徐闻人轻生不知礼义引发的哲学思考，提出的有针对性的训诫。其实，他自己也有切身体会——他年轻的时候，也曾轻生乃至忽于礼义——“吾前时昧于生理，狎侮甚多”。如他《秀才说》里所说：“十三岁时从明德罗先生游。血气未定，读非圣之书。所游四方，辄交其气义之士，蹈厉靡衍，几失其性。中途复见明德先生，叹而问曰：‘子与天下士日泮涣悲歌，意何为者，究竟于性命何如，何时可了？’夜思此言，不能安枕。久之有省。知生之为性是也，非食色性也之生；豪杰之士是也，非迂视圣贤之豪。如世所豪，其豪不才；如世所才，其才不秀。传不云乎，三折肱可以医国。吾为诸君慎之。”[1]他的这种因读非圣之书而至的蹈厉靡衍，率性使气，与他所认为的徐闻人的轻生不知礼义，在某种程度上是类似的。所以他提出生之性，或曰生即性，但非食色之性，乃哲学意义上的性命之性，为生与性指出了向上一路。

得于师说之教，惩于既往之失，兼以后来之修，复膺士大夫之命，故曰：“受命以来，偶读至伊尹曰：‘天之生斯民也，使先知觉后知。’乃叹曰：‘谓之天民，当如是矣。’始知‘君子学道则爱人’，故每过郡县，其长吏及诸生中有可语者，未尝不进此言。”由此我们也可以理解，何以他未至徐闻之先，已决定设贵生书院以讲学课生为职志了。徐闻也是他第一次有机会相对正式地讲学布道，故甚有期待和寄寓，如其在《贵生书院说》最后说：“徐闻长熊公爱人者也，此邑士气民风，亦自惇雅可爱，新会以南为第一县。且徘徊于余，不余去也。故书贵生说以谢之。”

[1] 徐朔方《汤显祖集全编》诗文卷三七，上海：上海古籍出版社2015年，第1647页。

汤显祖的《贵生书院说》的重心在阐发何以为“生”，刘应秋的《贵生书院记》则重在说明何以为“贵”。文章先说：“余读其说，穆然有深思焉：即余言何以加于义仍，独概夫所称贵者，盖难言之矣。”接着以一个譬喻说明为什么“贵”难以为人接受：“今夫人有爱倕之指而不自爱其指者乎，则世必以为怪。投隋珠于鸟雀，则众起而揶揄之，以为彼己之分数不审，而轻重之衡失也。生宁渠一指一隋珠之重哉。非至愚悖谁不知爱，则奈何不明于其所以生，而自失其所为贵。”并进一步阐发说：“是故耳目之于声色，鼻之于芳味，肢体之于安逸，其情一也。”由此得出的结论是：“然而一之以生，一之以死，故凡有生之欲皆害吾生者也。其欲弥多，其害弥甚。其害弥甚，其贵弥薄。”也就是说，饮食与声色的欲望，固然是生之所欲，但同时也是生之所害。

那如何不害生而贵生？那就得回到孔孟之道上来：“子不云乎：‘人之生也直。’孟氏亦曰：‘至大至刚，以直养而无害。’”进而区分孔夫子之“生”与庸常之“生”的区别：“无害焉之谓贵，此所谓生非六尺之躯之谓也。此所谓贵，亦非独六欲各得各宜之谓也。”通俗地说，生有大小之别，从大处说：“乾父坤母，人生藐焉，中处参而为三，岂其血气形骸，块然一物，便可以参天地。夫乾也动直，坤也内直，吾人受寂于坤，效感于乾，质任自然，无有回邪，是谓直养。是之谓知生。”从小处说，则作为六尺之躯的生，通于世俗大众的欲望之性。所以，从大处而言的生，既通于向上一路的真性，真性汩则欲望生，这样，生又反而成了性之害：“真性一凿，百欲纷如，生乃适以为害。”诚如此，则在现实生活中，如何贵生存性？作者以水流为喻说：“譬之水然。太一之所钟也，万流之所出也，本自洁直无有邪秽，湛之久，则不能无易。方员曲折，湛于所遇而形易；青黄赤白，湛于所受而色易；咸淡芳臭，湛于所染而味易。易非性也，易而不能反其本初，则还复疑于自性。人生亦犹是也。故善观水者，从其无以易水者而已矣。善养生者，去所以害生而已矣。心之有欲，而目之有眯，弗祓弗净，如耳之有褉，弗祓弗除。学也者，所以祓眯祓褉而复其聪明之常性者也。”也就是说，人生之初，生与性是一致的，保持着本来的洁与善，只是因为后天的习染，使其洁与善受到影响；有时所谓的养生，其实正是对性的一种残害。这就需要祛后天之生，复先天之性。在这个意义上，性是本原的，第一位的。

至此，作者便可以为贵生书院汤氏之教张目：“是故学不可以已也。盖有性学湮晦，道术割裂，功利之渐渍，日深世间，熏天塞地，无非欲海。吾人举心动念，无非欲根，势已极矣。学者思一起沉锢之积习，反而偕之大道，自非廓然自信其所以生，而奋然有必为此不为彼之志，欲以回汪澜而清浊源，此必不几之数也。”也就是要抑制作为欲望的生，以复于良善的本性。为此，并期望于诸生曰：“诸弟子业闻义仍贵生之说，有如寤者恍然觉悟，可不谓旦夕遇之乎觉矣。犹复浸淫于邪行，浸寻于岐路，而失其所以贵，不可谓夫。”最后，针对徐闻乃至整个岭南轻生好斗的民性，作者努力将其引向上一路：“孟子曰：‘豪杰之士，虽无文王犹兴。’夫义仍且以豪杰望弟子，岂其诸弟子之自待甘于凡民下乎？必不然矣。”意谓真正的英雄豪杰，不是好勇斗狠，恰恰是祛除身上这种蛮勇，恢复人的本性，如同他后来在《秀才说》里所说：“知生之为性是也，非食色性也之生；豪杰之士是也，非迂视圣贤之豪。”[1]意即，知生，即知非食色之性之生，即为豪杰，即非与圣贤之性相反的蛮勇的豪杰。同时进一步表彰汤显祖的贵生之教，实布道之教，大符王学之旨：“义仍文章气节，嚆矢一时，兹且以学术为海隅多士瞽宗，则书院之兴颓，吾道明蚀之一关也。是不可无记。”

[1] 徐朔方《汤显祖集全编》诗文卷三七，上海：上海古籍出版社2015年，第1647页。

综上所述，刘应秋的记，的确比汤显祖的说要阐发得深刻、细致、明白，汤显祖说其“有道气，其文非偶然者”；其针对性之强，也最能“嘉惠后学”。

汤显祖平生正面阐述其说，凡三篇而已，而以《贵生书院说》为首，《明复说》承此而作，《秀才说》在观点上也与此相承。仔细研习《明复说》，我们还可发现该篇中汤显祖的观点，较《贵生书院说》有了更清晰的阐述，而与刘应秋的《贵生书院记》更有相承之处。如文章一开头，便舍生而直揭性：“天命之成为性，继之者善也。”这性无处不在，但“显诸仁，藏诸用，于用处密藏，于仁中显露。仁如果仁，显诸仁，所谓‘复其见天地之心’，‘生生之谓易’也。不生不易”。也可以说，性，藏于日常之生中，因仁而显；复性须由仁，与刘应秋的祛生以见性，实同出一辙。然后明确说到了教育的目的是引人知性，较之《贵生书院说》直截清晰多了：“夫子循循然善诱人，引人知性。”在最后，还进一步讨论了在复性（复明）问题上，学习与教育的关系：

> 吾儒日用性中而不知者，何也？“自诚明谓之性”，赤子之知是也。“自明诚谓之教”，致曲是也。隐曲之处，可欲者存焉。致曲者，致知也。

致曲即致知，致知即去欲，去欲即复性，即复其“赤子之知”，很强调“自诚明”的作用，有很强的心学特征。这教与学，从最高的境界上讲，即：

> 知极于曲，则端倪光景，时若有见。“如立卓尔”之际也。此谓之形著明。至此始有龙德，可动可变化。故孔子之学，至于知天命而始活。今欲希孔，先希颜乎。其功自复礼始。复者，乾

知之始也[1]。

“复礼”之谓，当也包括了如何教导“轻生不知礼义”的徐闻之生的思考。

综上所述，则贵生书院的讲学，在汤显祖的思想史和生命史上，实占有非常重要的地位，是值得特别关注，也值得粤人尤其是徐闻人珍视的。

[1] 徐朔方《汤显祖集全编》诗文卷三七，上海：上海古籍出版社2015年，第1645—1646页。

第二节　泛海之乐

汤显祖待在徐闻短暂的时光里，讲学布道之余，最是泛海之乐。虽然他往游澳门时，已经至海，由阳江避热入海至廉州，也是长途海行，但终比不得在徐闻期间的乘兴泛海。其初次出海的地方，当是沓磊港。所作《白沙海口出沓磊》曰："东望何须万里沙，南溟初此泛灵槎。不堪衣带飞寒色，蹴浪兼天吐石花。"[1]"初此"二字所示甚明。《徐闻泛海归百尺楼示张明威》当此行归后作："沓磊风烟腊月秋，参天五指见琼州。旌旗直下波千顷，海气能高百尺楼。"前诗"不堪衣带飞寒色"与此诗"腊月秋"相合。据前述，汤显祖十一月初九至开平长沙，随后至恩平、阳江，海路至廉州，廉州五日至徐闻，抵达徐闻的时间在十一月间，前已有述。稍事休息，不顾腊月，即泛海出游，亦可见其心绪之佳；徐闻虽系中国大陆极南之地，但腊冬亦不算暖。有论者以为此行是赴海南岛游玩，诗中实未见相关描述；所据"白沙""海口"，海南（琼州府）和徐闻均有这些地名，无法确指。王辅之《（宣统）徐闻县志》说："白沙港，县东南三十里。"[2]沓磊港有沓磊驿，"在徐闻县东南二十

[1] 徐朔方《汤显祖集全编》诗文卷一一，上海：上海古籍出版社2015年，第682页。

[2] ［清］王辅之《（宣统）徐闻县志》卷一，台北：成文出版社有限公司1967年，第1962页。

里海安所城中，其南有沓磊浦”[1]。如此，由沓磊经白沙出海口（出海之口），自然攸当。

沓磊也是当时驿路去海南的必经之地，历代颇见题咏。如明初刘嵩有《至沓磊驿初见海水》诗曰：“南海天光白，东洋水气昏。汐潮通浦口，涛浪漱山根。浩淼涵千古，虚明汇众源。平生万里志，临眺豁飞翻。”[2]汤显祖同样也不会忘记吟咏：

> 沓磊高台向若登，玉芝烟雨去时曾。
> 秋风海阁书囊里，为赋炎州五色藤。
> 自然琼树不妨琼，能使炎风海外清。
> 但得槟榔一千口，与君相对卧红笙[3]。

当然，海南也有白沙与海口二港通徐闻，如陈于宸《（万历）琼州府志》谓：“海口渡，本都县北十里，北达徐闻沓磊驿。《元和郡县志》云珠崖与徐闻对，北风举帆，一日夕可至。今实不然，顺风半日可至。舟候潮而开，有海南道副使程有守潮信碑竖海口天妃庙前。凡渡舟达徐闻者三处：海口官渡、白沙古渡、烈楼私渡。”[4]但如诗题，说是去海南的海口，不通；将海南的白沙、海口并举，也不通。再则，在当时条件下，顺风去海南一趟，也要半日，往返不可能全顺风，加上陆行时间，真要有海南之行，得需数日；其归来所作，未有反映。其实，依汤显祖相对率直的性情，如去海南，直书其事，直接题咏即是，有何遮掩的必要？当然不排除其泛海有

[1]［清］穆彰阿《（嘉庆）大清一统志》卷四百五十一，四部丛刊续编景旧钞本。

[2]［明］刘嵩《槎翁诗集》卷四，清文渊阁四库全书补配清文津阁四库全书本。

[3]［明］汤显祖《闻拾之渡琼寄胡宪伯瑞芝》，徐朔方《汤显祖集全编》诗文卷一九，上海：上海古籍出版社2015年，第1151页。

[4] 卷四，万历刻本。

登岸，但应该没有深入游赏。如《海上杂咏》之六咏鹦䳇或鹩哥，或是琼西路上作：“菁绝琼西路，能言是了哥。不教呼万岁，只为陇禽多。”[1]

另有一些涉海南的诗篇，亦实不能确指其为在海南作。如《万州藤障子歌》：“剑门藤丝如发细，织作争先出新意。十二云屏海上来，平波莹熨潇湘字。纤纤闺指真绝奇，阗花侧叶凤交嬉。高吹海色障风日，遥忆烟萝摆月时。”[2]这种藤障子，是一种细藤丝制的屏障，乃万州名产，无须到万州始可得，当时朝中人亦有享用之，吟咏之。如李攀龙《寄赠元美•藤障子》：“九迭风生障子深，兰台上客赋披襟。休疑古蔓龙蛇走，犹带松杉十里阴。”[3]王世贞有回诗《李于鳞损饷诸物侑以新诗走笔为谢•藤障子》：“七尺苍藤织寒玉，上有筼筜映眉绿。昨夜方床小簟眠，却疑身在潇湘曲。”[4]到汤显祖晚年弃官家居，他的同乡后学到阳春做知县，汤显祖还不忘索要一张藤障子[5]。于此也可见他对藤障子的喜爱，同时也反映藤障子的获得，绝不局限于海南，毕竟晚明的重商氛围之下，商品流通范围是不小的。汤显祖还有一首《送卖水絮人过万州》，对于海南，也只显示了耳闻之词，而无实景之语：“江西水絮白轻微，残腊天南正葛衣。见说先朝曾雨雪，槟榔寒落冻鱼飞。”[6]同时，

[1] 徐朔方《汤显祖集全编》诗文卷一一，上海：上海古籍出版社2015年，第678页。

[2] 徐朔方《汤显祖集全编》诗文卷一一，上海：上海古籍出版社2015年，第684页。

[3] ［明］李攀龙《李攀龙集》卷十四，济南：齐鲁书社1993年，第359页。

[4] ［明］王世贞《弇州四部稿》卷五十一诗部，明万历刻本。

[5] 汤显祖《送吴龙游徙阳春长乞藤障子》，徐朔方《汤显祖集全编》诗文卷一九，上海：上海古籍出版社2015年，第1143页。徐笺：吴龙游，名应试，临川县。万历二十九年会试副榜第一。历任虹县教谕、龙游、阳春知县。其徙阳春，当在汤显祖晚年了。另，《闻拾之渡琼寄胡宪伯瑞芝》中“为赋炎州五色藤”之“藤”，当也是指藤障子。见徐朔方《汤显祖集全编》诗文卷一九，上海：上海古籍出版社2015年，第1151页。

[6] 徐朔方《汤显祖集全编》诗文卷一一，上海：上海古籍出版社2015年，第675页。

也反映了当时商业之发达——在这种发达的商业交通之下，传统的瘴疠畏途，更多是一种语词的袭用，而非事实的重演。

汤显祖涉海南的诗还有《徐闻送越客临高，寄家雷水二绝》：

珠崖如困气朝昏，沓磊歌残一断魂。
但载绿珠吹笛去，买愁村是莫愁村。

一曲明珠老会稽，客行长忆夜乌啼。
琼潮不解人朝夕，半月东流半月西[1]。

有人由买愁村深究下去，认为此乃明初岭南五子之一王佐的故乡，汤显祖曾前往凭瞻[2]。殊无所谓。诚如此，汤显祖当有致敬之笔，而不会如此轻轻带过。买愁村不过临高东南三十里之一村庄，因南宋胡铨之咏，遂成古迹[3]。汤显祖送越客往临高，颇引动谪思乡愁，故有此咏而已。再则，就此数诗所涉地名，由徐闻沓磊驿渡海从白沙港上岸，再从白沙驿前行十里为琼州府琼山县琼台驿，由此东去万州路：七十里宾宰驿—四十里文昌驿—四十里长岐驿（并属文昌县）—五十五里永丰驿（会同县）—四十里温泉驿—四十五里多陈驿（属万州）—四十里万州万全驿—一百里陵水县；而由琼台驿西

[1] 徐朔方《汤显祖集全编》诗文卷一一，上海：上海古籍出版社2015年，第689页。
[2] 参见高虹等《历史的细节再次被重新提起：汤显祖泛海游琼州》，《海南日报》2009年8月24日。
[3] ［明］唐胄《琼台志》卷五曰：“买愁村，在县东三十里。” 亦是古迹。明正德刻本。［明］陆应阳《广舆记》卷十九记临高古迹，列入买愁村。清康熙刻本。渊源所自，在于［南宋］胡铨《买愁村》诗，后出相关方志，广为征引。如［明］李贤《明一统志》卷八十二曰：“买愁村，在临高县南，宋胡铨诗：‘北往常思闻喜县，南来怕入买愁村。区区万里天涯路，野草荒烟正断魂。’”清文渊阁四库全书本。

去临高：西四十里西峰驿（澄迈县）七十里朱崖驿（临高县）[1]。汤显祖如去海南，往访这些地方，以其陆行炎热，得需多少时日？换言之，即便有行，能无所记无所忆？说此诗为咏海南，殊不足信。

所以，汤显祖之涉海南诗，大抵源于知闻，且不妨生动。比如《黎女歌》，描述甚详，仿如亲见，正好反映出其诗歌表达能力和表现水平的高超：

黎女豪家笄有岁，如期置酒属亲至。
自持针笔向肌理，刺涅分明极微细。
点侧虫蛾折花卉，淡栗青纹绕余地。
便坐纺织黎锦单，拆杂吴人采丝致。
珠崖嫁娶须八月，黎人春作踏歌戏。
女儿竞戴小花笠，簪两银篦加雉翠。
半锦短衫花袂裙，白足女奴绛包髻。
少年男子竹弓弦，花幔缠头束腰际。
藤帽斜珠双耳环，织锦垂裙赤文臂。
文臂郎君绣面女，并上秋千两摇曳。
分头携子簇遨游，殷山沓地蛮声气。
歌中答意自心知，但许昏家箭为誓。
椎牛击鼓会金钗，为欢那复知年岁[2]。

前述其《安定五胜诗》，也写得如同身临其境，与此异曲同工。

[1]［明］黄汴《一统路程图记》，杨正泰点校，载所著《明代驿站考》（增订本），上海：上海古籍出版社2006年，第227页。
[2] 徐朔方《汤显祖集全编》诗文卷一一，上海：上海古籍出版社2015年，第685页。

第三节　恋恋风物

岭南之于中原，常予人殊方异域之感，而徐闻更在岭南之南，虽非海之角，确也是陆之涯，炎方风物，颇资吟咏，亦足慰谪情乡思，故汤显祖每每形诸诗篇。最集中最有代表的，当属《海上杂咏二十首》[1]。这组诗，徐朔方先生系为来徐闻道上作，实有望文生义之嫌。首先，各诗吟咏，甚少海上风光，而是所见徐闻或所闻海南一带的自然风物与人情事物；因其所涉之广，当非一时一地之作，集于一组而已。

这组诗的第一首是关于农事的："小罂青种子，割雀最知风。每岁初春夜，高飞鸣向东。"在农业社会，关怀农事，也是一个循良之吏的标配；他后来主政遂昌，班耕劝农，至今为人称道。当时雷琼一带，"凡五谷种，欲知岁所宜者，以布囊盛诸物种，平量每谷各一升，冬至日小罂盛窖埋墙阴地下，冬至后五十日发取，量之息最多者，所宜也。[2]"割雀也是稼穑丰歉的一种预言者和验证者——"白昼不见形状，每岁春初夜高飞向东，叫割割声，藏必丰"[3]；

---

[1] 徐朔方《汤显祖集全编》诗文卷一一，上海：上海古籍出版社2015年，第678—680页。

[2] ［明］唐胄《琼台志》卷八，明正德刻本。

[3] ［明］张国经《（崇祯）廉州府志》卷四，北京：书目文献出版社1992年，第68页。

“四五月夜半飞，叫若云‘钩割’，年必丰；‘钩钩割’，年必歉”[1]。

如果说第一首是谈播种，预丰歉，第二首则言勤耕种了：“水饭田家女，春歌踏和声。火鸡催欲蚤，莫听红头莺。”妇女下田，在岭南有深厚而悠久的传统，迄于今日。春歌踏和，不言其苦，以寓劝农之意。后两句，更是催耕。火鸡，雷琼方志俱有载，大同小异，以明唐胄《琼台志》所言最详明：“火鸡，红色，嘴翅俱黑，春夜先鸡而鸣，俗亦谓之催耕。”[2]此火鸡不知是否即东南亚国家传统用来向中原王朝进贡的那种[3]。在表彰妇女勤于农事之余，第三首则批评男子的不喜读书：“总不好纸笔，男儿生事穷。几番春欲暮，惭愧白头翁。”白头翁，亦徐闻一带常见禽鸟，雷琼方志多有记载。

从第四首开始，则真正肆力于风物了。“耳带山鸡白，微低抚翼声。客窗何处晓？海色最先鸣。”不知描述的是哪一种当地的禽鸟。第五首则描写一种叫天鸟：“不似剪刀尾，全无白画眉。愈高飞愈疾，愁绝叫天儿。”王辅之《（宣统）徐闻县志》曰：“叫天儿，似雀愈鸣而愈高。”[4]第六首咏鹦鹉已如前述。第七首咏凤凰鸟：“凤凰五色小，高韵远徐闻。正使苏君在，谁为黎子云。”这种五色鸟，一名凤凰鸟，岭南方志中多有记载。徐闻不仅有，还很有故事。在汤显祖南贬之前不久，户部员外郎林应聪嘉靖四年以议大礼谪徐闻县丞，“丰采节概雅重一时，力所可及，悉振举之。名宦乡贤二祠久废，捐赀修建；文庙缺祭器，准古制度铸之。既成，有五色鸟来

---

[1]　［明］陈于宸《（万历）琼州府志》卷三，北京：书目文献出版社1990年，第76页。

[2] 卷九，明正德刻本。

[3]　［明］戴璟《（嘉靖）广东通志初稿》卷三十曰：“三佛齐国……洪武四年，其国王哈剌札八剌十遣其臣玉的力马罕亦里麻思奉金字表来朝，贡其物有黑熊、火鸡、孔雀、五色鹦鹉、诸香……”广州：广东省方志办2003年，第516页。

[4]　［清］王辅之《（宣统）徐闻县志》卷一，台北：成文出版社有限公司1967年，第213页。

集，聪建来凤坊以纪其祥”[1]。但汤显祖更看重的是苏东坡的故事。苏东坡贬儋州，作有《五色雀并序》，但汤显祖所重不在此，而在于他与黎子云师生相得的关系：

> 黎子云，儋州人，家居城东二里许，昆弟贫而好学。所居皆林木水竹，清幽潇洒，苏轼雅敬礼之。每与载酒过从，请益问奇，日相亲炙[2]。

这首诗的内在逻辑是，由徐闻五色雀，但特别强调其高韵，颇殊于其他记载，顺转及于苏轼之诗与序，再由苏轼之诗与序，进而怀想其与黎子云的关系；其反诘之意，在于他如今在徐闻，本以讲学课生为主旨，可是生徒之中，谁是黎子云呢？谁堪他雅敬，谁更会与他载酒过从，日相请问，相亲相炙呢？此种反诘，与《徐闻留别贵生书院》“谁悉贵生情”的反诘，一脉相承，至今仍值得深思。因此，实在不可以简单地认为是在海南所作了。

第八首“破敌鹌鹑浅，为雄翰羽粗。一般蓝翠好，长斗白山呼”咏及鹌鹑和白山呼两种鸟；王辅之《（宣统）徐闻县志》曰：“鹌鹑，列子云蛙化为鹑……山呼，本地产者多黑腮，其白腮善斗者间有之。”[3] 第九首咏喜鹊：“北来多喜鹊，止是到徐闻。海南何得尔，能事李将军。”此海南不可方之今海南。第十首咏廉雷秋色如春：“粤地多琼岛，何年胡燕飞。南中少秋色，长似趁春归。”既言多

---

[1] ［清］王辅之《（宣统）徐闻县志》卷九，台北：成文出版社有限公司1967年，第429页。

[2] ［明］戴璟《（嘉靖）广东通志初稿》卷十四，广州：广东省方志办2003年，第283页。

[3] ［清］王辅之《（宣传）徐闻县志》卷一，台北：成文出版社有限公司1967年，第213页。

琼岛，则不可方之狭义之琼州岛。第十一首咏蟹：“月晦来书蟹，脂膏脱满筐。绀花浮凝点，犀箸走流香。”第十二首咏江珧即江珧柱：“见说临川港，江珧海月佳。故乡无此物，名县古珠崖。”虽又涉及海南，但也只是“见说”而已。而且这首诗的重点，不是写要去到哪里，而是写听说临川的江珧非常美味，可惜不是故乡临川，而是崖州古代的名县临川。方志中分别对江珧与临川进行过记载和解说。陈于宸《（万历）琼州府志》曰：“临川港，一名临川水，州东一百三十里，源自五指山，分为两派，前后夹流临川地，唐以名县。”[1] 唐胄《琼台志》曰：“江珧，以柱为珍，俗名醋螺。《方舆志》：出崖州前临川港泥中者味佳。”[2]

第十三首咏出自海底、类似珊瑚而形似碧树的琅玕石[3]：“碧树琅玕石，珑玐金玉声。平生铁如意，愁惜为君轻。”虽然其有“珑玐金玉声”，但诗人雅意不在此方物，不过比物言志：我平生铮铮似铁如意，可惜您太轻巧了。第十四首咏盆石：“盆石如花树，巑岏似假山。海云常此湿，莓雨未须班。”普通的咏物诗，没有多少可发明的地方。第十五首咏决明子与夜合花；以之入诗，尚不多见，亦可见出其贬谪期间心绪之佳。接下来，有更多方物，以前没有多少人吟咏过。如第十六首咏益智：“益智何须智，无知乐子枝。有花开下节，饱食记年时。”益智乃岭南佳果，嵇含《南方草木状》说：“益智子，如笔毫，长七八分，二月花，色若莲，著实五六月熟，味辛，杂五味，中芬芳，亦可盐曝，出交趾、合浦。建安八年（203年），交州刺史张津尝以益智子粽饷魏武帝。”[4] 清朱彝尊在其著

[1] 卷三，北京：书目文献出版社1990年，第54页。
[2] 卷九，明正德刻本。
[3] ［明］陈于宸《（万历）琼州府志》卷三曰：“琅玕石，生海底，珂似珊瑚。”北京：书目文献出版社1990年，第78页。
[4] ［晋］嵇含《南方草木状》卷中，北京：中华书局1985年，第7页。

名的纪其与妻妹相恋事的《风怀二百韵》中也有咏及：“截筒包益智，消食饷槟榔。”[1]

至于槟榔，汤显祖就吟咏得更多了。如这组诗的第十七首即是：“岭俗槟榔重，盈门过礼时。银刀飞宝匣，金蒂压花枝。”此外所咏多有。被贬南行前夕，好友刘应秋在信中即嘱曰：“广地多热，其风土喜夜食，夜食则易生病，故常食兵榔为消导。吾辈处其地，第晚用粥，毋太饱，蚤少饮一二杯酒，毋令虚腥，即瘴何由乘。兵榔一用之亦可。”[2] 其实槟榔之于岭南，汤显祖早有认识，如其在《送梁兴古暂归东莞并寄袁萃霞贵竹》就有“乡心自试槟榔驿”[3]之句。抵广州后，当多见粤人嚼槟榔，故《看番禺人入真腊》诗，即以槟榔起句：“槟榔舶上问郎行，笑指贞蒲十日程。不用他乡起离思，总无莺燕杜鹃声。”[4] 在徐闻，除此杂咏，还有专咏——《槟榔园》：“荧荧烟海深，日照无枝林。含胎细花出，繁霜清夏沉。千林阴高暑，羽扇秋萧森。上有垂房子，离离隐飞禽。露乳青圆滋，霜氲红熟禁。堕地雨浆裂，登梯摇远阴。落爪荧肤理，着齿寒侵寻。风味自所了，微醺何不任。徘徊赠珍惜，消此瘴乡心。”[5] 这堪称咏槟榔的最佳诗篇。此外，《送卖水絮人过万州》亦及槟榔：“江西水絮白轻微，残腊天南正葛衣。见说先朝曾雨雪，槟榔寒落冻鱼飞。”[6] 而多年以后，忆及槟榔，简直比得上苏东坡的荔枝：“自然琼树不妨琼，

[1] ［请］朱彝尊《曝书亭集》卷七“古今诗”，四部丛刊景清康熙本。

[2] ［明］刘应秋《与汤若士》，载毛效同《汤显祖研究资料汇编》，上海：上海古籍出版社1986年，第199页。

[3] 徐朔方《汤显祖集全编》诗文卷十，上海：上海古籍出版社2015年，第582页。

[4] 徐朔方《汤显祖集全编》诗文卷一一，上海：上海古籍出版社2015年，第672页。

[5] 徐朔方《汤显祖集全编》诗文卷一一，上海：上海古籍出版社2015年，第686页。

[6] 徐朔方《汤显祖集全编》诗文卷一一，上海：上海古籍出版社2015年，第678页。

能使炎风海外清。但得槟榔一千口，与君相对卧红笙。”[1]因此，汤显祖还将其写入了名著《牡丹亭》中：

北【出队子】旦真乃是无媒而嫁？［外］谁保亲？［旦］保亲的是母丧门；［外］送亲的？［旦］送亲的是女夜叉。［外］这等胡为？［生］这是阴阳配合正理。［外］正理，正理，花你那蛮儿一点红嘴哩。［生］老平章，你骂俺岭南人吃槟榔，其实柳梦梅唇红齿白。［旦］噤声！眼前活立着个女孩儿，亲爷不认。到做鬼三年，有个柳梦梅认亲。则你这辣生生回阳附子较争些，为甚么翠呆呆下气的槟榔俊煞了他？爹爹你不认呵，有娘在。［指鬼门］现放着实丕丕贝母开谈亲阿妈[2]。

对岭南的槟榔及其食俗，汤显祖的朋友王士性有更详细的描述：

俗好以蒌叶嚼槟榔，盖无地无时，亦无尊长，亦无宾客，亦无官府，在前皆任意食之。有问，则口含而对，不吐不咽，竟不知其解也。或以炎瘴之乡，无此则饮食不化，然余携病入粤、入滇，前后四载，口未能食锱铢，亦生还亡恙也。大都瘴乡惟戒肉食、绝房帏，则不食槟榔无害，渠土人食者，惯耳。滇人所食槟榔又与广异。广似鸡心，如果肉；滇如羌核，似果壳。滇止染灰，亦不夹蒌叶。蒌叶一名蒟苗，即蜀人所造蒟酱者也。蔓生，叶大而厚，实似桑椹，其苗为扶留藤，人食之唇如抹朱。杨万里云：“人人藤叶嚼槟榔，户户茅屋覆土床。”[3]

---

[1] ［明］汤显祖《闻拾之渡琼寄胡宪伯瑞芝》，徐朔方《汤显祖集全编》诗文卷一九，上海：上海古籍出版社2015年，第1151页。
[2] 徐朔方《汤显祖集全编》戏曲卷三，上海：上海古籍出版社2015年，第2815页。
[3] ［明］王士性《广志绎》卷四，北京：中华书局2006年，第292页。

王氏所述相当可信。据康熙《临海县志》本传，王士性万历五年成进士，后任确山知县。万历十六年服阙满后，于是年秋天典试四川，次年转广西参议，即所谓参藩，由于镇辖两广的广东总督驻藩肇庆，故其在粤时间不少。万历十九年再转滇臬副使，则其在粤前后达三个年头[1]。本传又云其万历二十年升大理寺少卿，汤显祖有《岭外初归，读王恒叔点苍山寄示〈五岳游〉，欣然成韵》[2]，亦可佐证汤氏春归临川，当在万历二十一年。

而早数十年，嘉靖四十四年，安徽休宁人叶权南下广东，亦有观察曰：

> 广人以槟榔为上品，一切行礼必用之。客至，必出槟榔、蒌叶（其根即汉书作蒟酱者）、蚬灰（牡蛎也），以槟榔探蚬灰少许，裹以蒌叶嚼之，吐其赤涎而咽其滓。余初到，不拂主人意，为食一口，则辛辣过于姜芥，眼中泪欲出，去蒌叶独嚼槟榔，又惨淡无味。广城有少年官人束金带，跨骏马，行途间亦嚼不辍。潮州人以口红齿赤为富贵子。今年十一月，天忽寒，河南蒌叶俱黄坏，广人食其梗，梗作泥土湿气，不厌也。妇人小子如啖嘉果云[3]。

这种体验性的描述，非常少见，还是值得录存于此的；亦足以见出广东几乎全省皆嗜槟榔，而且风气长盛不衰。

第十八首："不是无鸡翅，花梨似降真。微香深紫色，袖湿酒

[1] ［清］洪若皋《临海县志》卷九，清康熙二十二年刊本。

[2] 徐朔方《汤显祖集全编》诗文卷一二，上海：上海古籍出版社2015年，第697页。汤显祖另有《候王恒叔鸿胪》，显示他与王士性有较深挚的交往。见同书诗文卷四六，第1888—1889页。

[3] ［明］叶权《贤博篇·游岭南记》，北京：中华书局1987年，第43页。

杯春。”或咏鸡翅木及黄花梨木，都是岭南及更南才有的名贵木材。第十九首当咏红豆：“秋色藤花晚，青香子欲圆。相思不相识，红豆在君边。”第二十首咏翡翠：“翡翠矶塘晓，苔亭草石幽。葛衣烟雨里，十月始宜秋。”这种翡翠，非今日之玉，而是指一种珍贵的鸟类或其尾羽，常为贡品，当然也常成贿品，故欧阳保《（万历）雷州府志·流寓志》的论赞中说：“仕宦固有瘴焉，翡翠、玳瑁、明珠、文犀，固粤东仕障也。贤者不忧地障而忧仕瘴，惟无自入于瘴可矣。”[1]

到得临别时，犹有两款风物，用今天的话来说，是让人羡慕嫉妒恨——《徐闻熊明府以鸡舌赠别，期复为郎也，却赠》：“鹦鹉杯尖易行酒，鱼子笺灰难草麻。三省郎官事已往，与君吞却沉香花。”[2]鹦鹉杯，是好酒者梦寐以求的珍器，史不绝书；当时的大文学家、后七子的领袖人物李攀龙写给王世贞的咏鹦鹉杯诗曰：“鹦鹉双飞白玉盘，金浆一泻万珠寒。故人自有相如渴，明月烦君掌上看。（右螺杯）”[3]动心了吧！王世贞也是文坛大佬，其回赠之诗也会让你读之心动：“鹦鹉洲前祢客过，英魂磊砢堕江波。千秋一入高阳手，为问鸱夷量较多。（右鹦鹉杯）”[4]鸡舌香，也非凡俗所能享有。晋嵇含《南方草木状》“蜜香，沉香，鸡骨香，黄熟香，栈香，青桂香，马蹄香，鸡舌香”条曰：“此八物同出于一树也。交趾有蜜香树，干似巨柳，其花白而繁，其叶如橘，欲取香，伐之，经年，其根干枝节各有别色也：木心与节坚黑，

[1] 卷十六，明万历四十二年刻本。

[2] 徐朔方《汤显祖集全编》诗文卷一一，上海：上海古籍出版社2015年，第689页。

[3] ［明］李攀龙《寄赠元美》，《李攀龙集》卷十四，济南：齐鲁书社1993年，第359页。

[4] ［明］王世贞《李于鳞损饷诸物侑以新诗走笔为谢》，《弇州四部稿》卷五十一诗部，明万历刻本。

沉水者为沉香；与水面平者为鸡骨香；其根为黄熟香；其干为栈香；细枝紧实未烂者为青桂香；其根节轻而大者为马蹄香。其花不香，成实乃香，为鸡舌香。珍异之木也。”[1]至于鸡舌香的典故，来源甚多，聊举倪璠所注庾信《哀江南赋》“始含香于建礼，仍矫翼于崇贤”句之注：“应劭《汉官仪》曰：桓帝时，侍中刁存年老口臭，上出鸡香与含之。后尚书郎含鸡舌香始于此。”[2]汤显祖没有接受名贵的鸡舌香——作为耿介书生，他没有企望过成为三省郎官，即便年轻气盛时或有之；他只是用名贵的鹦鹉杯，饮下了普普通通的“其花不香”的沉香花，聊资豪奢的想象。然后，他离开了徐闻，但在内心里，或许永远离不开了。至于他离开的时间，至今尚聚讼纷纭。

汤显祖离开的时候，没敢接受并带走贵重的鸡舌香，但收集带回去一些苏合香——“岭外时留苏合香，炉头汤沸小儿郎。不知颅囟经中说，黄帝曾无立小方。”[3]他的同年好友樊钦之被贬徐闻，赋诗言别，也以此香相慰藉：“万死雄飞御史章，天恩还许到雷阳。移家数傍君迁树，少妇长开苏合香。岭峤清和梅熟蚤，楚江风雨燕飞忙。重来海容将何语，曾住罗浮觉昼长。”[4]足见此香之好之妙。明李时珍《本草纲目》对此香有过详细的介绍与考辨，称之为“别录上品”，释名曰：“郭义恭《广志》云，此香出苏合国，因以名之，梵书谓之咄鲁瑟剑。”在集解中言及其与广东的关系：“又云大秦国人采得苏合香，先煎其汁以为香膏，乃卖其滓与诸国贾人，

[1]［晋］嵇含《南方草木状》卷中，北京：中华书局1985年，第8页。

[2]［北周］庾信《庾子山集注》卷二，清文渊阁四库全书本。

[3]［明］汤显祖《为阿�多病检方》，徐朔方《汤显祖集全编》诗文卷二一，上海：上海古籍出版社2015年，第1307页。

[4]汤显祖《与樊钦言别》，徐朔方《汤显祖集全编》诗文卷一四，上海：上海古籍出版社2015年，第815页。

是以辗转来达中国者，不大香也。然则广南货者，其经煎煮之余乎？”[1] 据汤显祖所述，其所用之苏合甚香，必有异于是。

《广南闻雁》诗当在徐闻作：“传道衡阳有雁回，炎州片影更飞来。似怜迁客思归苦，为带乡心过岭梅。”[2] 详诗意，归时则不存在苦苦思归了。

---

[1] 卷三十四，文渊阁四库全书本。

[2] 徐朔方《汤显祖集全编》诗文卷一一，上海：上海古籍出版社2015年，第680页。

第四节　岭外长忆

汤显祖对徐闻，对岭南，是念念长相忆的。不过还是得先考索一下，他到底何时离开徐闻的。万历二十六年，汤显祖上计后随即辞官南归，这是没有争议的，他自己的《戊戌上巳扬州钞关别平昌吏民》诗已充分表明："富贵年华逝不还，吏民何用泣江关。清朝拂绶看行李，稚子牵舟云水间。"[1] 稍早作的《戊戌觐还过阳谷店览丁亥秋壁间旧题惘然成韵示赵滕侯》也有表示："伉伉南奉常，报秩此停驭。一言怒公府，万里辞春署。海惭仙尉姿，县愧神君誉。所幸无愁叹，琴歌足容与。来朝正月朔，得奉春王御。偶随还县牒，复绕清吟处。开灯墙面尘，岸枕窗楣曙。身名良以悠，岁月何其遽。俯迹自沾衣，驱车从此去。勉矣后来人，当知心所语。"邹迪光《汤显祖传》则云："计偕之日，便向吏部堂告归。虽主爵留之，典选留之，御史大夫留之，而公浩然长往，神武之冠竟不可挽矣。"[2]

由此回溯，或得门径。汤显祖上计北京，一般是冬去春还，回溯中我们可以分明看到。其《漫书所闻答唐观察》曰：

[1] 徐朔方《汤显祖集全编》诗文卷一二，上海：上海古籍出版社2015年，第752页。
[2] ［明］汤显祖《戊戌觐还过阳谷店览丁亥秋壁间旧题惘然成韵示赵滕侯》，徐朔方《汤显祖集全编》诗文卷一二，上海：上海古籍出版社2015年，第751页。徐朔方先生笺引。

岭外梅残鬓欲星，孤琴摇拽越山青。
只言姓字人间有，那得题名到御屏。

县小河阳花遍开，金盘露冷醉人来。
也知不厌山公启，解事长亏女秀才。

兰署江南花月新，封书才上海生尘。
心知故相嗔还得，直是当今丞相嗔。

一疏春浮瘴海涯，五年山县寄莲花。
已拼姓字无人识，检点封章得内家[1]。

徐朔方先生系此诗为万历二十五年作。是。由诗句“五年山县寄莲花”，则汤显祖任遂昌令，已经五个年头了，但肯定不是万历二十六年，因为彼时他已上计辞归，此处正说着升迁的事儿，当然系万历二十五年最宜，且时间上应在这一年的稍晚，因为春天的时候，他还入京做了四年之任的上计：“今上丁酉（1597 年）三月，予以平昌令上四年计，如钱塘……”[2]两相比合，则其所上四年之计，乃万历二十四年丙申之计，也就是说，至万历二十四年，他在遂昌任上已历四年。

值得指出的是，在这种回溯之中，我们发现，汤显祖对岭南之

[1] 徐朔方《汤显祖集全编》诗文卷一二，上海：上海古籍出版社2015年，第737页。徐朔方先生笺曰：“作于万历二十五年丁酉，在遂昌知县任。四十八岁。据诗《彭兴祖远过别去》自注：‘广平守温郡时，闻予且以平昌令擢丞温，甚喜。’所闻或指迁调消息。”

[2] ［明］汤显祖《感宦籍赋有序》，徐朔方《汤显祖集全编》诗文卷二四，上海：上海古籍出版社2015年，第1369页。

行和徐闻之任的回忆，每每形诸笔端，难以释怀，难以绕过，为着本书主题计，故不避篇幅地详加考察征引。

从汤显祖留下来的诗文看，他每年都要赴京上计。万历二十三年的上计，有诗《乙未计逡二月六日同吴令袁中郎出关怀王衷白石浦芦思白》[1]等。

万历二十二年上计期间之诗有《冬至江泾舟中送彭直指赴逮》，徐朔方先生笺释甚详[2]，此不赘。是年在遂昌尚有系年于题之诗《迎春口占二首（甲午）》《甲午秋在平昌梦迁石阡守并为儿蘧梦得玉床自占石不易阡素床岂秋兆漫志之》[3]。另有《平昌尊经阁成，率诸生恭读御箴，下宴相圃，欣言十八韵》，徐朔方先生据《遂昌县志》之《尊经阁记》系于是年正月作，今检核原文，甚是[4]。

由此可知，万历二十一年，汤显祖应当已在遂昌令任上，并鸠工营造尊经阁了。稍早前完工的学校设施，尚有相圃射堂。而从《遂昌县相圃射堂记》，我们知道，致力文教，乃汤显祖到任后的头等要事；记中明确了其到任的时间："盖今上二十有一年三月望后三日，予来遂昌。又三日，谒先圣庙，甚新。从学官诸生讲堂，堂敝，其后益庳。问所藏书，无有。问县隅中或有他学舍为诸生讲诵，无有也。四月朔，始克视事，发檄。有学使者陈公所为书，命诸生射，

---

[1] 徐朔方《汤显祖集全编》诗文卷一二，上海：上海古籍出版社2015年，第715页。

[2] 徐朔方《汤显祖集全编》诗文卷一二，上海：上海古籍出版社2015年，第712页。

[3] 徐朔方《汤显祖集全编》诗文卷一二，上海：上海古籍出版社2015年，第705、710页。两首诗曰："并得花齐近午衙，花前含笑插乌纱。不妨春色迟迟好，等是春三二月花。""去岁春花插较迟，风烟晴雨半参差。年来乞与春晴好，得见河阳似旧时。"显是邑长令的口吻。

[4] ［明］项应祥《尊经阁记》曰："甲午春王正月，邑侯创尊经阁成，广文先生杨君士伟、黄君继先、夏君蓟率多士相与征余言为记，余以病弗娴笔研辞，三君起曰：'经，古人传心之要，道莫宏焉；尊经阁以萃古人之精蕴，典莫盛焉；阁成于临川汤义仍先生，文在兹焉。之三者，先生又乌得以无言耶。'余幡然曰：'唯！唯！'"［清］胡寿海《遂昌县志》卷一，清光绪二十二年刊本。

诸生皆对不能，云无射堂也……”[1] 汤显祖明确说到万历二十一年遂昌之事的，还有《遂昌县灭虎祠记》：“癸巳冬十月，虎从东北来，甚张。忽梦指有二碎迹，登堂，有言虎啮其乡西牧竖子……”[2]

考述至此，汤显祖之任遂昌县令时间如徐朔方先生所断在万历二十一年三月十八，毫无疑义，且没有任何翻案的空间。之所以于此“浪费”笔墨，是因为笔者在徐闻考察期间，地方上的学者和文化工作者对此提出了不少疑义，而笔者作是书，本有回应他们关切的初衷在。

考实了这一节，那我们可以进一步循此回溯考察汤显祖离开徐闻的时间，这一更有疑义的问题。汤显祖在赴遂昌任前，先回家小住了一段时间，有诸多诗文可证；由此逆推，他离开徐闻的时间，应该在万历二十一年春初。

汤显祖回到临川，已是春深时节，好几首诗都有明确表示。如《新归》曰：“略约新梳洗，春衫小坐偏。画眉长自好，今日镜台前。”[3]《新归偶兴》亦曰：“越江初服映春丝，深院炉香隐几时。雨气夜熏青菌出，烟波晴浣白鸥知。逍遥正自投穷发，混沌何须与画眉。最好东陂事田作，农歌幽谷远相宜。”[4] 农事忙时，常近四月了。又《雷阳初归，别乐少南文学。文学故从其大人之燕，归青云峰读书，谈予所居“北垣回武曲，东井映文昌”为胜，漫云》诗亦曰：“偶然桥外直星文，万里春销瘴海氛。”[5]

既然回到临川是春深时节，那从徐闻出发，则也应是春天。昔去岭南，九月起程，十一月底到达，历时近两月。除去中途耽搁的

---

[1] 徐朔方《汤显祖集全编》诗文卷三四，上海：上海古籍出版社2015年，第1590页。
[2] 徐朔方《汤显祖集全编》诗文卷三四，上海：上海古籍出版社2015年，第1588页。
[3] 徐朔方《汤显祖集全编》诗文卷一二，上海：上海古籍出版社2015年，第693页。
[4] 徐朔方《汤显祖集全编》诗文卷一二，上海：上海古籍出版社2015年，第694页。
[5] 徐朔方《汤显祖集全编》诗文卷一二，上海：上海古籍出版社2015年，第701页。

时日，如往吊从姑，因病滞留广州及周边游赏，取道东莞往游罗浮，再探澳门，需时更少。返程所需时日，自然可以少些。一方面“归心似箭”，中途会少些游赏耽搁[1]；去时已赏，回时也可不必。再则，因为朝中斗争激烈，同情汤显祖者众，所以连他的“正式处分”——贬所的确定——都迟迟下不来。后来不仅得了个相对好的结果，僚友们还都劝他悠着点，不必急赴徐闻；毕竟也是无所事事的添注官。而此番量移所就的可是相对重要的一邑之长，按常情朝命就不可能给很多的“换岗时间”，那他在家乡也不会休整太久。还有，就是回程不绕道，按照《一统路程图记》，从徐闻的英利驿到江西南安府，驿程只有二千五百八十余里，如果日行百里，二十余日即可返抵江西，再经数日即可回到临川。

可资比较的是，王士祯康熙二十四年（1685年）奉使祭祀南海神，计其粤赣间行程：来时正月初十从南昌发舟，二月初八抵广州，需时二十八日；返程四月初由广州起程，五月初五抵南昌，需时三十五日。返程逆水而行，需时固略多，更重要的是，其为钦差，更为文坛盟主，返程时迎送甚多，其《南来志》《北归志》中记录在在可见[2]。遂昌近江西，抚州也距浙江不远，虽无其间的驿路里程，但其往遂昌，需时必不多。万历二十九年，王临亨由吴江经浙赣入粤，其由浙江建德抵江西临江只需时十日，其间还待病一二日[3]；汤显祖由临川抵遂昌，量其里程，所需时间当不会过此。综此，其从徐闻出发，最早也应该在万历二十一年春了；他待在徐闻的时

[1] 如《答李郴州乞雨苏仙有应，因忆与高太仆谢友可吴拾之夜游，时谪徐闻，不得过郴为恨耳》就说：“今归几问湘源北，昔去初过瘴岭南。桂水所思能晤语，韶阳归兴失穷探。” 徐朔方《汤显祖集全编》诗文卷一二，上海：上海古籍出版社2015年，第695页。

[2] 参见蒋寅《王渔洋事迹征略》，北京：中国社会科学出版社2014年，第299—311页。

[3] ［明］王临亨《粤剑篇》卷四《志游览》，北京：中华书局1987年，第95页。

间，应该是一年多一点儿。此外，在上一节，我们也考述到，汤显祖回到临川后，收到了他的朋友王士性寄自云南点苍山的《吴月游（草）》，而王在万历二十年已获升大理寺少卿，则汤显祖收到其函，不可能迟于万历二十一年春了。

但徐朔方先生在《答李郴州乞雨苏仙有应，因忆与高太仆谢友可吴拾之夜游，时谪徐闻，不得过郴为恨耳》后笺曰："作于万历二十年壬辰春，时岭南初归。四十三岁。据诗'今归几问湘源北，昔去初过瘴岭南'定。"诚如此，则此番量移，从初归至赴任，相隔整一年，恐未有此例。诗接着说："桂水所思能晤语，韶阳归兴失穷探。三春倏别何情切，千里传书得面谈。更欲苍梧一来往，不堪憔悴向江潭。"[1]则与"三春"之别出入亦甚大；如系万历二十一年北归，则首尾三个年头，甚合。说实话，徐先生据以定万历二十年北归的证据，实在太间接、太薄弱。

汤显祖另有一篇《阳秋馆诗赋选序》曰："……先有集若干卷。龙蛇在岁，被病息夏。会予归自岭海，谓曰：'千秋谁知定吾文者，可谓知言。余集，子其定之。'乃为正定若干卷。君复闭户精削，减前十二三。稿就而卒。卒后十年，桐城刘君燕及实来，弦歌兹暇，钦企旧德，命刻以传。"[2]徐先生笺曰："'龙蛇在岁，被病息夏'，万历二十年壬辰夏河南彰德府同知帅机以病请告归，适汤显祖自岭南还，得以相聚。"则似是汤显祖万历二十年北归。然"龙蛇在岁"，如按通俗之解，则命数当终，可帅机是年并没有死啊！因为徐先生又笺曰："'卒后十年，桐城刘君燕及实来'，帅机卒于万历二十三年。三十三年，刘孕昌任临昌知县。孕昌字燕及。"因此，释"龙蛇在岁"为癸巳之年，或更宜。帅机壬辰夏先回到家，拖着

[1] 徐朔方《汤显祖集全编》诗文卷一二，上海：上海古籍出版社2015年，第695页。
[2] 徐朔方《汤显祖集全编》诗文卷三二，上海：上海古籍出版社2015年，第1539页。

病体整理书稿，必是整理了一段时间，始得“先有集若干卷”，至癸巳春，适逢汤显祖南归，嘱其定稿。或由于汤氏因有命在身，“为正定若干卷”于仓促之间，始有其“复闭户精削”；若经年在家，以其交谊之深挚，必相互切磋而审定之，不宜让帅机劳瘁至死也。

再则，如居家长达一年，诗文必不止与“初归”“新归”有关的数首；《雷阳初归，别乐少南文学。文学故从其大人之燕，归青云峰读书，谈予所居“北垣回武曲，东井映文昌”为胜，漫云》，徐朔方先生据后半首“芙蓉小筑秋将老，菊蕊孤尊瞑欲醺。却笑黄金台上客，汝家那得望诸君”系为秋天作，其实这恐怕是泛言设想之辞，前半段才是实指：“偶然桥外直星文，万里春销瘴海氛。有客听歌来渌水，几年相见在青云。”[1]另两首闻讯有感而作于壬辰春夏的《夏州乱》《闻梅客生监军二首》[2]，难以表明在徐闻或在临川作。反之，如果汤显祖真是壬辰春即北归，以其最早也要上年十一月下旬才到达徐闻，其待在徐闻不过一两个月，远不如家居时间之长，则其在徐闻当不会有诸多纪咏感怀之作，亦不必有思乡望归之心绪流露于诗间；其《海上杂咏二十首》，遍及雷琼四时风物，亦证其有经历寒暑也。

汤显祖来徐闻的时候，行走官驿，本应由广州府—八十里官窑驿—四十里西南驿—四十里肇庆府高要县崧台驿（产端砚）—八十里腰古驿—五十里新昌驿—七十五里独鹤驿（并属高要）—八十五

[1] 徐朔方《汤显祖集全编》诗文卷一二，上海：上海古籍出版社2015年，第701—702页。

[2] 徐朔方《汤显祖集全编》诗文卷一二，上海：上海古籍出版社2015年，第698—700页。

里恩平驿—七十里莲塘驿……[1]而来，因为澳门之行改了道，回程则自然要经过高要、肇庆；来时经过的地方已有诗纪之，故回时至高要始有诗《高要送鲁司理》："江楚西归欲问天，琼雷东断瘴云连。留题共醉星岩客，梦里乘槎是此年。"[2]详诗意，当是鲁点赶来相送，显是归程作。在端州还见到了两个传教士，为作《端州逢西域两生破佛立义，偶成二首》：

画屏天主绛纱笼，碧眼愁胡译字通。
正似瑞龙看甲错，香膏原在木心中。

二子西来迹已奇，黄金作使更何疑？
自言天竺原无佛，说与莲花教主知[3]。

其人是否利玛窦尚有争议，但第二首"二子西来迹已奇，黄金作使便何疑"句，当是指两位传教士随商船而来。这是汤显祖对商业力量或者更进一步说对海外贸易力量的一种新体认。过了肇庆，重走来时路，宜其无诗以纪。到韶关，或因近乡情切，始有《过曲江》一诗："去雁已开梅岭雪，归舟犹带海人烟。青皋雨过如铺粉，曾是韶阳种乳田。"[4]则春天已至，时令与前面分析甚合；其《寄

[1] ［明］黄汴《一统路程图记》，杨正泰点校，载所著《明代驿站考》（增订本），上海：上海古籍出版社2006年，第227页。［清］马呈图《（宣统）高要县志》卷八亦曰："驿陆路：崧台驿—八十里至腰古驿—五十里至新兴县—七十里至独鹤驿—一百二十里至恩平县—七十里至莲塘驿—六十里至阳江县—六十里至乐安驿—六十里至新会县蚬冈驿乐安驿分路—九十里至阳春县。"民国二十七年重刊本。
[2] 徐朔方《汤显祖集全编》诗文卷一一，上海：上海古籍出版社2015年，第690页。
[3] 徐朔方《汤显祖集全编》诗文卷一一，上海：上海古籍出版社2015年，第691页。
[4] 徐朔方《汤显祖集全编》诗文卷一二，上海：上海古籍出版社2015年，第692页。

傅太常》曰“委清署而游瘴海，秋去春归，有似旧巢之燕”[1]，固指归至家时为春天，亦可理解为当其离开徐闻时已经入春。

离别意味着回忆。在以后的日子里，汤显祖不断忆及徐闻，忆及岭南，并形诸诗文。其寄怀之作，前已多有引述，尚有一首《寄怀徐闻陈公文彬旧游》：“雷纛天飞海色青，一时风雨滞炎溟。石门望罢星河绝，犹记浮槎旧勒铭。”[2] 而最值得关注的是他的“苍梧情怀”。万历二十三年，他的顶头上司处州知府任可容擢升广东宪副，为作《九日宴别奉赠任大府开宪潮阳》，劈头就说：“为谒苍梧影，曾飘赤海涯。风云团巨蜃，气脉隐长蛇。”[3] 表现岭南独特的壮美的同时，也彰显其致君尧舜的儒家豪壮胸怀——“为谒苍梧影”；舜“南巡狩，崩于苍梧之野，葬于江南九疑”[4]，“苍梧”，“九疑”，便成后世儒家士大夫兼用济世的象征；从《湘山障子》《送林贵县》诗，也可知汤显祖苍梧的虞舜指向[5]。他最早在万历十二年其挚友邹元标谪官南京刑部照磨时赠诗中显示了这一精神情怀的渊源：“南迁殊北征，今心岂昔惩。昔坚怀苍梧，今子谒钟陵。晚龚称竟夭，弱贾惮恭承。揆余昧修惜，何以赞居兴。”[6] 而其《送

---

[1] 徐朔方《汤显祖集全编》诗文卷四四，上海：上海古籍出版社2015年，第1769页。

[2] 徐朔方《汤显祖集全编》诗文卷一二，上海：上海古籍出版社2015年，第696页。

[3] 徐朔方《汤显祖集全编》诗文卷一二，上海：上海古籍出版社2015年，第717页。其《答李郴州乞雨苏仙有应，因忆与高太仆谢友可吴拾之夜游，时谪徐闻，不得过郴为恨耳》中“更欲苍梧一来往，不堪憔悴向江潭”语已约略及之。

[4] ［汉］司马迁《史记》卷一，北京：中华书局2009年，第5页。

[5] ［明］汤显祖《湘山障子》：“苍梧云影落人间，帝子浮湘竟不还。千载泰皇问尧女，不能烧却泪痕班。”《送林贵县》：“苍梧猿断泣湘君，人向清浔逗日曛。直下宝江明月影，能开二十四峰云。”分见徐朔方《汤显祖集全编》诗文卷二一，上海：上海古籍出版社2015年，第1291、1283页。

[6] ［明］汤显祖《赠邹南皋留都六首》之六，徐朔方《汤显祖集全编》诗文卷九，上海：上海古籍出版社2015年，第341—342页。徐朔方先生笺曰：“作于万历十二年甲申，时在北京礼部观政。三十五岁。邹南皋名元标，江西吉水人。《明史》卷二四三有传。时谪官南京刑部照磨。”

太常西署翁君归潮》曰："肃祖玄威兵积战，酋雄俺答天心见。北阙大臣诛死多，汝好家公当一面。金革衣冠铁林冢，诏书星火潮阳县。苍梧起家多苦雾，紫荆过国仍微霰……"[1] 潮阳与韶阳等地相去甚远，则其将整个广东泛入苍梧之地了，实可隐显其对于南贬的一种心态或曰情怀。可以说，从南贬一开始，他就是以此作为重要精神支撑；其诗文中的苍梧意象，自此屡屡形于篇章，良可思也。

当然，汤显祖此前的诗歌中也时现"苍梧"意象，更见其秉效昔贤"胸怀苍梧"的素志与初心。如《送范敬之郎中奏满便游匡山》曰："受命钟陵下，杳暖苍梧间。清斋隔浮世，道书酬素颜。往往应乡语，时时留子飧。君容何朴樕，君心殊蕙兰。虽沉中圣答，弥著独醒言。尘情若飞叶，素惬乃流根。忽闻当北陆，奏秩且南辕。芳春集庐岳，晏岁及家园。家园日月晚，庐岳烟云繁。出山苦不易，入山良复难。愿言勖幽躅，无令芳绪残。"[2] 再如《秋忆黄州旧游》："飞鸿一声芦荻洲，飒飒芦花吹尽秋。故人零落东南流，白水苍梧云色愁……"[3] 又如《送艾太仆六十韵》曰："光禄征能就，陪台出似游。苍梧蟠帝寝，芳树绕潮沟……"[4] 虽然都是淡淡提及，未及强调，但更彰显其象征意味——一个江西高安籍镇江知府，进京奏事，事毕往游江西庐山，如何及于苍梧？湖北黄冈与苍梧旧地也相去甚远。更具意味的，则是以"苍梧精神"相送贬谪之人——《送杜给

[1] 徐朔方《汤显祖集全编》诗文卷九，上海：上海古籍出版社2015年，第473页。徐先生系弃官家居作。

[2] 徐朔方《汤显祖集全编》诗文卷十，上海：上海古籍出版社2015年，第530页。徐朔方先生系为万历十六年前作。

[3] 徐朔方《汤显祖集全编》诗文卷四，上海：上海古籍出版社2015年，第210页。徐朔方先生笺曰："黄州之游在万历八年（1580）初夏，时友人龙宗武任黄州通判，摄黄冈知县。此诗当作于同年秋。"

[4] 徐朔方《汤显祖集全编》诗文卷九，上海：上海古籍出版社2015年，第486页。徐朔方先生笺曰："作于万历十八年庚寅九月。"

事出宪延安，并问高君桂吴君正志二郎吏（杜讳华先，失同乡杨太宰意出）》：“金台桃李气相新，接手徘徊君意亲。君向河源作星使，予从江表寄波臣。不谓君迁亦南省，祠曹岁月苍梧影。虽知历落映心期，未及留连尽烟景。何知即出镇西军，晴雪芳皋归雁群。少妇将雏裁满月，尊君割锦正停云。吏迹牵旋从此始，边候烽烟殊未拟。由来计策重诸生，似是人情薄乡里。豸绣牙旗君少年，何必男儿不在边。甘泉健令宜君尉，独笑为郎江阁眠。”[1] 在送直隶籍的霍卫辉出任河南卫辉知府这种完全没有“苍梧”地域背景的诗中出现“苍梧意象”，其“致君尧舜”的情怀更为昭显：“帝子新封接帝乡，何郎新命守河阳。江花碧署年光满，云气苍梧秋色长。内史未须秦法律，朝歌曾识汉循良。人传万乘旌旗出，总为猗兰是国香。”[2]

获贬后最早抒写苍梧情怀的一首，则是《尉徐闻抵家直丁侍御庄浪备兵迁越归觐远遗西物却寄三十韵》，有句曰：“苍梧韶奏谒，白雪郢沉骚。”[3] 谒舜比屈，堪称励志。《牛首饮林尉平将出守南宁即赠》作于上疏事起之后，正式被贬之前，其苍梧之思，更值得特别关注：“寺涌烟花满石梯，还留春闰与攀携。端居玄武湖心北，出守苍梧云气西。月上芳林人去远，雾迷铜柱鸟飞低。心悲道暍南行日，江峤笼晴挂饮霓。”[4] 踏上贬途，则有《秋夜入广别帅郎》：

[1] 徐朔方《汤显祖集全编》诗文卷九，上海：上海古籍出版社2015年，第479页。徐先生系万历十七年南京礼部祠祭司主事任上作。据《明实录》，是年十一月杜论劾南京户部尚书耿定向、应天府丞周希旦等，十二月被明升暗贬出任陕西按察使佥事，整饬延安兵备。汤、杜为同年进士。

[2] ［明］汤显祖《送霍卫辉，时喜潞藩新出》，徐朔方《汤显祖集全编》诗文卷九，上海：上海古籍出版社2015年，第479页。徐朔方先生系为万历十七年三月作。并说，霍卫辉即霍鹏，直隶井陉人，万历五年进士，今年以南京工部郎中升任卫辉知府。

[3] 徐朔方《汤显祖集全编》诗文卷一一，上海：上海古籍出版社2015年，第621页。

[4] 徐朔方《汤显祖集全编》诗文卷九，上海：上海古籍出版社2015年，第521页。徐朔方先生系为万历十九年闰三月作。

“江潭殊自叹，摇落未经知。昨夜秋声起，相逢憔悴时。园林阻芳色，河汉渺佳期。起视浮云气，苍梧不可思。”[1]虽“苍梧”言不可思，然知其不可为而为之，正是儒家的情怀。行经赣州郁孤台，作《郁孤台留别黄郡公钟梅，时李本宁参知引病并怀》曰：“原泉回豫章，云气连苍梧。岭海轩棂间，远势若可呼。”[2]则以“气连苍梧”，化解内心远谪的焦虑。所以，当他亲临传说中舜履之地韶阳，心绪起伏，歌咏连篇：

舜帝南巡日，传闻此地回。秋风响灵峡，还似凤飞来。
谒帝苍梧道，行歌赤水滨。乐昌好鸣磬，能待有心人。
五月奏南薰，千秋仰白云。可怜箫管韵，不得到徐闻。
大圣虚忘味，何曾到海涯。今朝抚韶石，直似见重华[3]。

字里行间，处处以致君尧舜自任——“乐昌好鸣磬，能待有心人”；虽曰“可怜箫管韵，不得到徐闻”，实际上意味着自己乃是将尧舜之音带往徐闻之人——其人未至已决定居讲合一，良有以也；卒章意味更显豁——触物如见人，膺命于古圣先贤，岂能萦怀于贬谪！再前行，借送人以喻己，借苍梧以御愁：“清远江前唱竹枝，香炉峡口暮风吹。看君不尽愁云色，直望苍梧似九嶷。”[4]又如《岭外送客平乐下第》：“南行三十六滩泷，依旧龙门得化龙。别有清湘起愁色，踏歌人望九疑峰。”[5]即在游赏之中，亦不忘“苍梧”

[1] 徐朔方《汤显祖集全编》诗文卷一一，上海：上海古籍出版社2015年，第624页。
[2] 徐朔方《汤显祖集全编》诗文卷一一，上海：上海古籍出版社2015年，第629页。
[3] ［明］汤显祖《韶石》，徐朔方《汤显祖集全编》诗文卷一一，上海：上海古籍出版社2015年，第629页。
[4] ［明］汤显祖《清远送客过零陵》，徐朔方《汤显祖集全编》诗文卷一一，上海：上海古籍出版社2015年，第648页。
[5] 徐朔方《汤显祖集全编》诗文卷一一，上海：上海古籍出版社2015年，第650页。

之意："峡山云气深，松楠糁苍径。缥幡绕屏翠，阑干抵一凭。山僧日影过，禅房点清磬。窅尔寒泉下，冷然惬孤听。近音风叶洒，远韵苍梧应。"[1]

入广州后所作《宿浴日亭因出小浪望海》曰："为郎傍星纪，江湖常久居。倏忽过南海，扁舟挂扶胥。隐隐岸门青，杳杳天池虚。培塿澹凌历，气脉流纡徐。潮回小洲渚，龙鳞勒清渠。于中藏小舟，其外悬日车。云影苍梧来，咸池相卷舒……"[2] 如此远离苍梧之地，只可以"心影"解之——望日思尧舜！《至日怀刘兑阳太史》，更具此意味："合乐清斋夜，春墀拜舞余。苍梧有云气，太史不曾书。"[3]《东莞江望白云山》之"苍梧"亦同此理："霾靡番禺路，青山间白云。轻霄含缥缈，从荟出氤氲。迴接苍梧影，微销碧海氛。安期留舄远，仙馆若为分。"[4] 稍后罗浮访道，仍不忘礼敬苍梧："极庐衡之经首，眭赤岳于贲禺。略招摇之桂树，望云气于苍梧……属湘巃于垒碓，辨交廉于陇埒……"[5]

如此，我们姑且名其为汤显祖的"苍梧情结"或"苍梧精神"。从某种意义上讲，他在遂昌知县任上的施为，就是这种精神的实践；添注典史，除了讲学宣道，是难以有更大作为的。所以，他不仅在遂昌任上时时以苍梧入诗以励志，弃官家居后还更多咏及，可见其弃官非弃世；作为优秀的儒家士大夫，致君尧舜的情怀，总是念兹在兹的。《送鲁司农还南漳》当在遂昌作。鲁点是其同年进士，如前所述，其出任广州司理时汤显祖曾有诗相送，在广州也曾相聚并

---

[1] ［明］汤显祖《飞来寺泉》，徐朔方《汤显祖集全编》诗文卷一一，上海：上海古籍出版社2015年，第647页。

[2] 徐朔方《汤显祖集全编》诗文卷一一，上海：上海古籍出版社2015年，第659页。

[3] 徐朔方《汤显祖集全编》诗文卷一一，上海：上海古籍出版社2015年，第671页。

[4] 徐朔方《汤显祖集全编》诗文卷一一，上海：上海古籍出版社2015年，第656页。

[5] ［明］汤显祖《游罗浮山赋》，徐朔方《汤显祖集全编》诗文卷一三，上海：上海古籍出版社2015年，第1342、1345页。

留诗。如今宦海相逢又相送，不由得浮想联翩。先回想起他们同登进士，同留京阙，意气相投，砥砺有为："上林非一树，逸翮有同林。忽逢春气美，因听黄鸟音。忆昔乘云翔，凝华散簪襟。晨趋建礼月，昼息兰台阴。年发方向盛，意气亦交深。洗刷自清汉，何言有飞沉。"二十年间，虽历挫折，不改致君尧舜的悠悠初心："冉冉二十年，悠悠方寸心。寸心纡北阙，羁孤并南粤。枕席气清远，江山候明发。荡舟星岩游，留筏海珠歇。侧影罗浮外，洗气苍梧谒……"[1]《铜马湖赋为友人金坛邓伯羔作》或亦作于遂昌任上，即便如此寻常之作中，他也很容易将身历之地系之于苍梧："……水国波臣，渔父贤人。苍梧兮浙水，黄河兮卫津……"[2]

《送叶梧从岭海归独山》当在遂昌作："几从山县听琴声，君子堂中礼乐清。老去一官成浪迹，客来千里见高情。梅花岭外装仍薄，鸿雁春归别未轻。向后独山风雨夜，相思时有梦魂惊。"[3]

即便辞官家居，仍不忘岭南，不忘初心，"苍梧意象"及其情怀仍屡形歌咏。如《送马仲高入都并问欧太史邓吏部梅岭诗》曰："……垂杨依远道，迁莺动俦侣。苍梧旧所历，长安有心与。海目迥清旷，韶阳美风绪。恻恻江潭人，梅花相忆汝。"[4]再如《止周叔夜岭行并示丹坛诸友》："羁栖游岭南，所适一何远……罢谒苍梧道，晦息幽兰畹。来成吕生驾，去作子猷返。曲坛多道书，荆扉

[1] 徐朔方《汤显祖集全编》诗文卷一七，上海：上海古籍出版社2015年，第1019页。徐先生系弃官家居作。

[2] 徐朔方《汤显祖集全编》诗文卷二二，上海：上海古籍出版社2015年，第1330页。

[3] 徐朔方《汤显祖集全编》卷一四，上海：上海古籍出版社2015版，第560页。徐笺：作年不可考。

[4] 徐朔方《汤显祖集全编》诗文卷一四，上海：上海古籍出版社2015年，第826页。徐先生系为万历二十七年弃官家居作。

且愉偃。”[1] 又如《送岳石梁仲兄西粤》：

汝兄颜发旧萧然，十五从君计吏年。
世事始知棋局浅，悲歌全赖唾壶坚。
春光老去碧湘尽，瘴雨青来寒烧连。
欲向苍梧同谒帝，一时魂梦九嶷烟。

夜半传杯玉茗堂，一麾千里寄宜阳。
登朝积岁游何薄，失路逢知语自长。
客兴漫随春草绿，臣心真与帝梧苍。
何时独宿天台上，风雨莓苔看石梁[2]。

苍梧僻在炎方之地，生理上或避之不及，精神上却念念朝谒，其济世之志不得尽乎！

曾经岭海难为水。岭南及徐闻，是汤显祖后来岁月的一个不息的关切。如有僚友之官岭南，往往有诗，却多是以清廉自持，造福一方相慰勉。如他的同年好友王太蒙万历三十五年主政广西时，为作《古意送王太蒙东粤五首》，其中有曰：“岭海复何意，庶以清炎烟！”[3] 果然，“清风所至，吏民洒然。伯东兄语弟云：兄入岭，岁省冗费几万余。公私馈遗亦如之。炎海为廉泉，瘴岭为冰柱矣。”[4]

---

[1] 徐朔方《汤显祖集全编》诗文卷一七，上海：上海古籍出版社2015年，第1019页。徐先生系弃官家居作。

[2] 徐朔方《汤显祖集全编》诗文卷一七，上海：上海古籍出版社2015年，第1054—1055页。徐先生系弃官家居作。

[3] 徐朔方《汤显祖集全编》诗文卷一六，上海：上海古籍出版社2015年，第959页。徐朔方先生系于万历三十五年做客南昌作。

[4] ［明］汤显祖《答王太蒙中丞》，徐朔方《汤显祖集全编》诗文卷四七，上海：上海古籍出版社2015年，第1920页。

为之作书贺勉。又如《同黄孝廉太次怀戴司谏廉海》：“戍客名标汉柱无，武陵悲曲寄门徒。应疏忽雨露过梅岭，长忆秋风入雁湖。地气远看犹戴斗，天心难问欲还珠。直恐登高易憔悴，木兰陂上片云孤。”[1]

循吏的希冀与难忘的回忆是汤显祖送人之官岭南及徐闻最主要的主题。如《送曾东乡廉州以予前谪雷阳问路答之》：“东人垂泪向君侯，石阙祠堂不可留。家近峨嵋思蜀雪，身将爱子入炎州。心清碧海珠难寄，道暍梅关火正流。赖是雷阳旧迁客，题书堪寄雁湖秋。”[2]《见东人扶道遮留曾明府者，曾故蜀材韦朗，再考人无间言，数荐宜以高第内征，苦贫甚，旁郡贵公子索之不能应，迁廉州丞，士民悲而祠之，婉恋三日，亦异也，廉吏不可为而可为》：“却从常调过梅关，吏部那知父老攀。路入瘴云随桂远，心将明月看珠还。扁舟晓梦连王峡，铜柱高牙制百蛮。特为东人留信宿，思君常在大廉山。”[3] 再如《送谢君实理高州》：“几年执法文登城，朱丝之直冰壶清。游戏蓬莱几清浅，坐看海市摇空明。望仙门前望仙子，世路烟波只如此。秦皇汉武不得意，人间那复炎州理。炎州高凉风色凉，绿榕满堂荔枝浆。天池六月一栖息，珊瑚几尺高摧藏。我昔雷阳向孤远，独树无阴下长坂。梦随梅岭江南春，每忆石城夜中饭。秋风莎露排烟岚，一官如寄谁可谈。与君相似定相见，东海劳僧湘汉南。”[4] 又如《送丰城陆郡博廉州》：“雷阳曾此伫征槎，岁月

[1] 徐朔方《汤显祖集全编》诗文卷二十，上海：上海古籍出版社2015年，第1235页。

[2] 徐朔方《汤显祖集全编》诗文卷一七，上海：上海古籍出版社2015年，第1047页。徐先生系为四十九至六十七岁弃官家居时作。

[3] 徐朔方《汤显祖集全编》诗文卷一七，上海：上海古籍出版社2015年，第1047页。

[4] 徐朔方《汤显祖集全编》诗文卷一二，上海：上海古籍出版社2015年，第762页。徐笺：遂昌任上作。

邮前溪路斜。尚有湖头双雁至，数程犹未到天涯。”[1]

他的同年好友樊钦之因直言极谏，触怒贵妃，谪永戍雷州，固令人悲愤：“春中雨雪正霏微，游子江头泣楚衣。羽翼自须留谏草，墨缞非为赴戎机。应过放逐三年苦，每见天池六月飞。万里雷阳几消息，相思那得雁来稀。”[2]然岭梅早熟，苏合夜开，尤其是罗浮圣境，皆足慰怀：“万死雄飞御史章，天恩还许到雷阳。移家数傍君迁树，少妇长开苏合香。岭峤清和梅熟蚤，楚江风雨燕飞忙。重来海容将何语，曾住罗浮觉昼长。”[3]而最堪寄命存身的，也最具儒家士大夫本色的，无过于讲学布道，济世拯黎。所以，于贵生书院，他们诗函往复，余意袅袅：“楚衣如雪对春衣，自笑清狂出礼闱。投峤杳难邀后命，讲堂当亦傍前辉。西山月落鸾箫迥，南斗天低海色微。珍重去珠能见忆，新诗裁作泪绡飞。”[4]如此儒道兼济，虽在岭海，黄发何期不葆：“云霞川涨肃凫鹭，官阁乘春小坐移。蜚遁天山宜注易，征行岁月好吟诗。心知远道回帆别，语向明时掩泪辞。廿载长安双白首，百年黄发更为期。”[5]

当然，更多的时候，尤其是“穷”的时候，宗教关怀与寄托，更形需要，因此，在晚年的时候，汤显祖回忆岭南，忆及罗浮，因

[1] 徐朔方《汤显祖集全编》诗文卷一九，上海：上海古籍出版社2015年，第1170页。弃官家居作。

[2] ［明］汤显祖《和赠樊钦之度岭》，徐朔方《汤显祖集全编》诗文卷一四，上海：上海古籍出版社2015年，第815页。徐笺：作于万历二十七年己亥春，家居。钦之名玉衡，黄冈人。汤氏同年进士。去年四月以册立久稽，上疏触贵妃怒，祸且不测。五月，“忧危竑议”事起，永戍雷州。《明史》卷二三三有传。

[3] ［明］汤显祖《与樊钦言别》，徐朔方《汤显祖集全编》诗文卷一四，上海：上海古籍出版社2015年，第815页。

[4] ［明］汤显祖《再用韵奉答钦之兄徐闻讲堂之句》，徐朔方《汤显祖集全编》诗文卷一四，上海：上海古籍出版社2015年，第816页。

[5] ［明］汤显祖《钦之兄自号天山子，咏共保黄发之句，为之怅然》，徐朔方《汤显祖集全编》诗文卷一四，上海：上海古籍出版社2015年，第816页。

为罗浮，他也更容易忆及岭南。前引数诗已多有及之。再如《梦惟审如送粤行时别泪》：“死友吾生更不闻，似存华屋气纷纭。罗浮梦断无人笑，残月苍苍说似君。”[1] 这种罗浮梦，也是徐闻梦，是他对岭南和徐闻的友执和父老的梦的回馈：

世有文章不逐贫，远游须是好情神。
风光岭外从谁说？破钵岩头第一人。
烟月留人自一时，孤舟南浦送行迟。
关南十月梅花雪，来雁峰前奇一枝。
兄弟能文独可怜，玉兰清瘦语留连。
经过五莞知炎热，归趁扶摇六月前。
十年相负海人期，泪与裁绡一赋诗。
君去未须频道别，浮罗堪有梦来时[2]。

汤显祖和答对明清岭南佛教影响至为深远的憨山德清的两首诗，则堪称晚明儒道释融合思潮下的代表之作；憨山德清对岭南佛教的重要影响，正在其出世精神下的入世情怀。《和答清公军中秋日写怀下劳山戍雷阳止观六祖寺闻送税使章江只尺临川不到问之》曰：“海印东行万里沙，十年生事到南华。珠池解作抽衣宝，梅岭能高拂坐花。独夜从军吹筚篥，有时送客泪袈裟。开书欲笑庐山远，不到柴桑处士家。”[3] 又如《右武粤归云憨公道劳山修炼处意有动

[1] 徐朔方《汤显祖集全编》诗文卷一八，上海：上海古籍出版社2015年，第1130页。
[2] ［明］汤显祖《玉兰轩送喻叔虞薄游岭南》，徐朔方《汤显祖集全编》诗文卷一九，上海：上海古籍出版社2015年，第1159页。
[3] 徐朔方《汤显祖集全编》诗文卷一七，上海：上海古籍出版社2015年，第1070页。徐朔方先生笺曰：“‘清公’，德清，号憨山。曾栖山东劳山，寺名海印居。以私造寺院，遣戍雷阳。万历二十四年二月抵戍所，羞慚饥三年。赭衣见大帅，即军中说法。居五年，住锡曹溪六祖寺。见《列朝诗集·小传》闰集。”

欣然问之》：“右武谈锋醉欲豪，新沾一滴水甜曹。已通阳艳东南海，得似神山大小劳。箭性风前衔鹫影，军持水上伏龙韬。不知劫后能生死，珍重镶门灵宝刀。”[1]

[1] 徐朔方《汤显祖集全编》诗文卷一七，上海：上海古籍出版社2015年，第704页。弃官家居作。憨山对岭南佛教的影响，详参李舜臣《清初岭南诗僧群研究》，南方日报出版社2016年。

第四章

《牡丹亭》与岭南情

从前面的考述我们发现，岭南之行是汤显祖生命历程中的重要转折，也是最难以忘怀的，故不仅诗文中屡形记忆，并时常见诸行动。如不仅晚年尚请求执政岭南的同年好友汪道亨关照受压抑的廉能官员，在当时的新修省志中收入刘应秋的《贵生书院记》以劝励士子等，他的戏曲创作也同样打上了深深的岭南印记，尤其是在传世名著《牡丹亭》中，更塑造了岭南才子柳梦梅这样一个大焕异彩的全新形象。

第一节　广州的旧事与新篇

汤显祖的《牡丹亭》在话本《杜丽娘慕色还魂》等的基础上改编创造，但这个话本应该说只是最基本的一个简单的小外壳。故事甚简单，篇幅也不长，不妨全引如下，既方便读者了解，也方便比对论述：

闲向书斋览古今，罕闻杜女再还魂。
聊将昔日风流事，编作新文励后人。

话说南宋光宗朝间，有个官升授广东南雄府尹，姓杜名宝，字光辉，进士出身，祖贯山西太原府，年五十岁。夫人甄氏，年四十二岁，生一男一女。其女年一十六岁，小字丽娘，男年一十二岁，名唤兴文，姊弟二人俱生得美貌清秀。杜府尹到任半载，请个教读，于府中书院内教姊弟二人读书学礼。不过半年，这小姐聪明伶俐，无书不览，无史不通，琴棋书画，嘲风咏月，女工针指，靡不精晓，府中人皆称为女秀才。

忽一日，正值季春三月中，景色融和，乍晴乍雨天气，不寒不冷时光，这小姐带一侍婢名唤春香，年十岁，同往本府后花园中游赏，信步行至花园内，但见：

> 假山真水，翠竹奇花，普环碧沼，傍栽杨柳绿依依，森耸青峰，侧畔桃花红灼灼。双双粉蝶穿花，对对蜻蜓点水。梁间紫燕呢喃，柳上黄莺见完。纵目台亭池馆，几多瑞草奇葩。端的有四时不谢之花，果然是八节长春之草。

这小姐观之不足，触景伤情，心中不乐，急回香阁中，独坐无聊，感春暮景，俯首沉吟而叹曰："春色恼人，信有之乎？常见诗词乐府，古之女子，因春感情，遇秋成恨，诚不谬矣。吾今年已二八，未逢折桂之夫，感慕景情，怎得蟾宫之客。昔日郭华偶逢月英，张生得遇崔氏，曾有《钟情丽集》《娇红记》书，此佳人才子，前以密约偷期，似皆一成秦晋。嗟呼，吾生于宦族，长在名门，年已及笄，不得早成佳配，诚为虚度青春，光阴如过隙耳。"叹息久之，曰："可惜妾身颜色如花，岂料命如一叶耶？"遂凭几昼眠，才方合眼，忽见一书生，年方弱冠，丰姿俊秀，于园内折杨柳一枝，笑谓小姐曰："姐姐既能通书史，可作诗以赏之乎？"小姐欲答，又惊又喜，不敢轻言，心中自忖，素昧平生，不知姓名，何敢辄入于此。正如此思间，只见那书生向前将小姐搂抱去牡丹亭畔，芍药栏边，共成云雨之欢娱，两情和合，忽值母亲至房中唤醒，一身冷汗，乃是南柯一梦。忙起身参母，礼毕，夫人问曰："我儿何不做些针指，或观玩书史，消遣亦可，因何昼寝于此？"小姐答曰："儿适在花园中闲玩，忽值春暄恼人，故此回房，无可消遣，不觉困倦少息，有失迎接，望母亲恕儿之罪。"夫人曰："孩儿，这后花园中冷静，少去闲行。"小姐曰："领母亲严命。"道罢，夫人与小姐同回至中堂饭罢。这小姐口中虽如此答应，心内思想梦中之事，未尝放怀，行坐不宁，自觉如有所失，饮食少思，泪眼汪汪，至晚不食而睡。次早饭罢，独坐后花园中，闲看梦中所遇书生之外，冷静寂寥，杳无人迹。忽见一株大梅树，梅子磊磊可爱，其树矮如伞盖。小姐走至树下，甚喜而言曰：“我若死后得葬于此幸矣。”道罢回房，与小婢春香曰：“我死，当葬于梅树下，记之记之。”次早，小姐临镜梳妆，自觉容颜清减，命春香取文房四宝至镜台边，自画一小影，红裙绿袄，环佩玎当，翠翘金凤，宛然如活。以镜对容，相象无一，心甚喜之，命弟将出衙去裱背店中裱成一幅小小行乐图，将来挂在香房内，日夕观之。一日，偶成诗一绝，自题于图上：

近睹分明似俨然，远观自在若飞仙。
他年得傍蟾宫客，不在梅边在柳边。

诗罢，思慕梦中相遇书生，曾折柳一枝，莫非所适之夫姓柳乎？故有此警报耳。

自此丽娘暮色之甚，静坐香房，转添凄惨，心头发热，不疼不痛，春情难遏，朝暮思之，执迷一性，恹恹成病，时年二十一岁矣。父母见女患病，求医罔效，问佛无灵，自春至秋，所嫌者金风送暑，玉露生凉，秋风潇潇，生寒彻骨，转加沉重。小姐自料不久，令春香请母亲至床前，含泪痛泣曰：“不孝逆女，不能奉父母养育之恩，今忽夭亡，为天之数也。如我死后，望母亲埋葬于后园梅树之下，平生愿足矣。”嘱罢，哽咽而卒，时八月十五也。母大痛，命具棺椁衣衾收殓毕，乃与杜府尹曰：“女孩儿命终时，吩咐要葬于后园梅树之下，不可逆其所愿。”这杜府尹依夫人言，遂令葬之。其母哀痛，朝夕思之。光阴迅速，不觉三年任满，使官新府尹已到，杜府尹收拾行装，与夫人并衙内杜兴文一同下船回京，听其别选，不在话下。

且说新府尹姓柳名恩，乃四川成都府人，年四十，夫人何氏，年三十六岁。夫妻恩爱，止生一子，年一十八岁，唤作柳梦梅，因母梦见食梅而有孕，故此为名。其子学问渊源，琴棋书画，下笔成文，随父南雄府。上任之后，词清讼简。这柳衙内因收拾书房，于草茅杂沓之中，获得一幅小画，展开看时，却是一幅美人图，画得十分容貌，宛如妲娥。柳衙内大喜，将去挂在书院之中，早晚看之不已。忽日，偶读上面四句诗，详其备细。"此是人家女子行乐图也，何言不在梅边在柳边，此乃奇哉怪事也。"拈起笔来，亦题一绝，以和其韵。诗曰：

貌若嫦娥出自然，不是天仙是地仙。
若得降临同一宿，海誓山盟在枕边。

诗罢，叹赏久之。却好天晚，这柳衙内因想画上女子，心中不乐，正是不见此情情不动，自思何时得此女会合，恰似望梅止渴，画饼充饥，懒观经史，明烛和衣而卧，翻来复去，永睡不着，细听谯楼已打三更，自觉房中寒风习习，香气袭人。衙内披衣而起，忽闻门外有人扣门，衙内问之而不答。少顷又扣，如此者三次。衙内开了书院门，灯下看时，见一女子，生得云鬓轻梳蝉翼，柳眉颦蹙春山。其女趋入书院，衙内急掩其门，这女子敛衽向前，深深道个万福。衙内惊喜相半，答礼曰："妆前谁氏，原来夤夜至此。"那女子启一点朱唇，露两行碎玉，答曰："妾乃府西邻家女也，因慕衙内之丰采，故奔至此，愿与衙内成秦晋之欢，未知肯容纳否？"这衙内笑而言曰："美人见爱，小生喜出望外，何敢却也？"遂与女子解衣灭烛，归于帐内，效夫妇之礼，尽鱼水之欢。少顷，云收雨散，女子笑谓柳生曰："妾有一言相恳，望郎勿责。"柳生笑而答曰："贤卿有话，但说无妨。"女子含笑曰："妾千金之躯，一旦付于郎矣，勿负奴心，每夜得共枕席，平生之愿足矣。"柳生笑而答曰："贤卿有心恋于小生，小生岂敢忘于贤卿乎？但不知姐姐姓甚何名？”女答曰：“妾乃府西邻家女也。”言未绝，鸡鸣五更，曙色将分，女子整衣趋出院门。柳生急起送之，不知所往。至次夜，又至，柳生再三询问姓名，女又以前意答应。如此十余夜。一夜，柳生与女子共枕而问曰：“贤卿不以实告我，我不与汝和谐，白于父母，取责汝家，汝可实言姓氏，待小生禀于父母，使媒妁聘汝为妻，以成百年夫妇，此不美哉？”女子笑而不言，被柳生再三促迫不过，只得含泪而言曰：“衙内勿惊，妾乃前任杜知府之女杜丽娘也。年十八岁，未曾适人，因慕情色，怀恨而逝，妾在日常所爱者后园梅树，临终遗嘱于母，令葬妾于树下，今已一年，一灵不散，尸首不坏，因与郎君有宿世姻缘未绝，郎得妾之小影，故不避嫌疑，以遂枕席之欢，蒙君见怜，君若不弃幻体，可将妾之衷情，告禀二位椿萱，来日可到后园梅树下，发棺视之，妾必还魂，与郎共为百年夫妇矣。”这衙内听罢，毛发悚然，失惊而问曰：“果是如此，来日发棺视之。”道罢，已是五更，女子整衣而起，再三叮咛：“可急视之，请勿自误，如若不然，妾事已露，不复再至矣，望郎留心，勿使可惜矣。妾不得复生，必痛恨于九泉之下也。”言讫，化清风而不见。

柳生至次日饭后，入中堂禀于母，母不信有此事，乃请柳府尹说知。府尹曰：“要知明白，但问府中旧吏门子人等，必知详细。”当时柳府尹交唤旧吏人等问之，果真杜知府之女杜丽娘葬于后园梅树之下，今已一年矣。柳知府听罢惊异，急唤人夫同去后园梅树下掘开，果见棺木，揭开盖棺板，众人视之，面颜俨然如活一般。柳知府教人烧汤，移尸于密室之中，即令养娘侍婢脱去衣服，用香汤沐浴洗之，霎时之间，身体微动，凤眼微开，渐渐苏醒。这柳夫人教取新衣服穿了。这女子三魂再至，七魄重生，立身起来，柳相公与柳夫人并衙内看时，但见身材柔软，有如芍药倚栏干，翠黛双垂，宛如桃花含宿雨。好似浴罢的西施，宛如沉醉的杨妃。这衙内看罢，不胜之喜，叫养娘扶女子坐下，良久，取安魂汤定魂散吃下，少顷，便能言语，起身对柳衙内曰："请爹妈二位出来拜见。"柳相公、夫人皆曰："小姐保养，未可劳动。"即唤侍女扶小姐去卧房中睡。少时，夫人吩咐，安排酒席于后堂庆喜。当晚筵席已完，教侍女请出小姐赴宴，当日杜小姐喜得再生人世，重整衣妆，出拜于堂下。柳相公与杜小姐曰："不想我愚男与小姐有宿世缘分，今得还魂，真乃是天赐也。明日可差人往山西太原去寻问杜府尹家接下报喜。"夫人对相公曰："今小姐天赐还魂，可择日与孩儿成亲。"相公允之。至次日，差人持书报喜，不在话下。

过了旬日，择得十月十五吉旦，正是屏开金孔雀褥隐绣芙蓉。大排筵宴，杜小姐与柳衙内同归罗帐，并枕同衾，受尽人间之乐。

话分两头，且说杜府尹回至临安府寻公馆安下。至次日，早朝见光宗皇帝，喜动天颜，御笔除授江西省参知政事，带夫人并衙内上任，已经两载。忽一日，有一人持书至在相公案下。相公问何处来的？答曰："小人是广东南雄府柳府尹差来。"怀中取书呈上。杜相公展开书看，书上说小姐还魂与柳衙内成亲一事，今特驰书报喜。这杜相公看罢大喜，赏了来人酒饭，曰："待我修书回复柳亲家。"这杜相公将书入后堂，与夫人说南雄府柳府尹送书来，说丽娘小姐还魂与柳知府男成亲事，夫人听知大喜，曰："且喜昨夜灯花结蕊，今宵灵鹊声频。"相公曰："我今修书回复，交伊朝晚在临安府相会。"写了回书，付与来人，赏银五两，来人叩谢去了。不在话下。

却说柳衙内闻知春榜动，选场开，遂拜别父母妻子，将带仆人盘缠，前往临安府会试应举。不则一日，已到临安府客店安下。径入试院，三场已毕，喜中第二甲进士，除授临安府推官。柳生驰书遣仆，报知父母妻子。这杜小姐已知丈夫得中，任临安府推官，心中大喜。至年终，这柳府尹任满带夫人并杜小姐回临安府推官衙内投下。这柳推官拜见父母妻子，心中大喜，排筵庆贺，以待杜参政回朝相会。住不两月，恰好杜参政带夫人并子回至临安府馆驿安下，这柳推官迎接杜参政并夫人至府中，与妻子杜丽娘相见，喜不尽言，不在话下。这柳梦梅转升临安府尹，这杜丽娘生两子，俱为显宦，夫荣妻贵，享天年而终[1]。

实话说，这个话本，不仅是个简单的外壳，应该说也是一个平庸的外壳，除杜丽娘思春的情节略具神采外，还魂部分可以说毫无特色[2]。中国古代戏曲小说普遍具有累积型创作的特征，汤显祖于此略有因循，并不意外，然除了大加创造外，亦必另有所本，另有许多灵感的触媒与构成的来源，方可变成一含珠大贝——一部五十五出的大型经典名剧。所以，他在《牡丹亭记题词》里说："传杜太守事者，仿佛晋武都守李仲文，广州守冯孝将儿女事。予稍稍为更而演之。至于杜守收考柳生，亦如汉睢阳王收考谈生也。"[3]对此，我们诚不可轻易放过；个中故事的人物、情节及其精神，均具有可观之处。

晋武都守李仲文儿女事，见于托名晋陶潜的《搜神后记·李仲文女》：

晋时，武都太守李仲文在郡丧女，年十八，权假葬郡城北。

[1] 中国社会科学院研究所《古本小说丛刊》第三十五辑，北京：中华书局1991年，第1506—1523页。标点为笔者所加。

[2] 也有研究者认为《牡丹亭》的蓝本更应该是文言小说《杜丽娘记》，但那更简略，只1500字，影响也不会更大。参向志柱《〈牡丹亭〉蓝本问题考辨》，《文艺研究》2007年第3期，第72—78页。

[3] 徐朔方《汤显祖集全编》诗文卷三三，上海：上海古籍出版社2015年，第1552页。

有张世之代为郡，世之男字子长，年二十，侍从在廨中。夜梦一女，年可十七八，颜色不常。自言："前府君女，不幸早亡，会今当更生，心相爱乐，故来相就。"如此五六夕。

忽然昼见，衣服薰香殊绝。遂为夫妻，寝息，衣皆有污，如处女焉。

后仲文遣婢视女墓，因过世之。妇相问，入廨中，见此女一只履在子长床下。取之啼泣，呼言发冢。持履归，以示仲文。仲文惊愕，遣问世之："君儿何由得亡女履耶？"世之呼问，儿具道本末。李、张并谓可怪。发棺视之，女体已生肉，姿颜如故。右脚有履，左脚无也。自尔之后，遂死，肉烂不得生。

后夕，女来曰："夫妇情至谓谐者，而无状忘履，致觉露，不得复生。万恨之心，当复何言！"涕泣而别[1]。

比之话本，其悲剧的结局，至少更能动人；借鉴入《牡丹亭》，则远非稍稍更演了。广州守冯孝将儿女事，也见于同书同卷《徐玄方女》：

晋时，东平冯孝将为广州太守。儿名马子，年二十余，独卧厩中，夜梦见一女子，年十八九，言："我是前太守北海徐玄方女，不幸早亡。亡来今已四年，为鬼所枉杀，案生录，当八十余，听我更生，要当有依马子乃得生活，又应为君妻。能从所委，见救活不？"马子答曰："可尔。"乃与马子克期当出。

至期日，床前地头，发正与地平，令人扫去，则愈分明，始悟是所梦见者。遂屏除左右，人便渐渐额出，次头面出，又次肩项形体顿出。马子便令坐对榻上，陈说语言，奇妙非常。遂与马

[1] ［晋］陶潜《搜神后记》卷四，杭州：浙江古籍出版社1987年，第27—29页。

子寝息。每诫云："我尚虚尔。"即问何时得出，答曰："出当得本命生日，尚未至。"遂往厩中。言语声音，人皆闻之。女计生日至，乃具教马子出己养之方法，语毕，辞去。

马子从其言，至日，以丹雄鸡一只，黍饭一盘，清酒一升，醊其丧前，去厩十余步。祭讫，掘棺出，开视，女身体貌全如故。徐徐抱出，著毡帐中，唯心下微暖，口有气息。令婢四人守养护之，常以青羊乳汁沥其两眼，渐渐能开，口能咽粥，既而能语。二百日中，持杖起行。一期之后，颜色、肌肤、气力悉复如常。

乃遣报徐氏，上下尽来。选吉日下礼，聘为夫妇。生二儿一女，长男字元庆，永嘉初为秘书郎；小男字敬度，作太傅掾；女适济南刘子彦，征士延世之孙云[1]。

这一则故事，较之前一则，虽并无高明之处，但其于启棺复生情节的设计，还是可受启发的，当然也远非稍稍更演。而其发生地广州，或许也能成为触动汤显祖后来将柳梦梅的籍贯易为广州的因素之一。至于"杜守收考柳生，亦如汉睢阳王收考谈生"，"桥段"虽有借鉴，立意则迥殊：

汉谈生者，年四十，无妇，常感激读《诗经》。夜半，有女子年可十五六，姿颜服饰，天下无双，来就生，为夫妇。之言曰："我与人不同，勿以火照我也，三年之后，方可照耳。"与为夫妇，生一儿，已二岁，不能忍，夜伺其寝后，盗照视之。其腰已上生肉如人，腰已下，但有枯骨。妇觉，遂言曰："君负我。我垂生矣，何不能忍一岁而竟相照也？"生辞谢涕泣，不可复止，云："与君虽大义永离，然顾念我儿，若贫不能自偕活者，暂随我去，

[1] ［晋］陶潜《搜神后记》卷四，杭州：浙江古籍出版社1987年，第27—29页。

方遗君物。”生随之去，入华堂，室宇器物不凡，以一珠袍与之，曰：“可以自给。”裂取生衣裾，留之而去。后生持袍诣市，睢阳王家买之，得钱千万。王识之曰：“是我女袍，那得在市？此必发冢。”乃取拷之。生具以实对，王犹不信。乃视女冢，冢完如故。发视之，棺盖下果得衣裾。呼其儿视，正类王女。王乃信之。即召谈生，复赐遗之，以为女婿，表其儿为郎中[1]。

比照《杜丽娘慕色还魂》，《牡丹亭》改动最大的莫过于柳梦梅这一形象的全新塑造；杜丽娘尚有沿袭，究其改动，也有很大成分是依柳梦梅形象而变。《杜丽娘慕色还魂》中，柳梦梅是后任太守的衙内，与杜丽娘门当户对，即便还魂，也出脱传统的窠臼，无法有“戏”，宜其久湮无闻。而在《牡丹亭》中，柳梦梅的形象来了个一百八十度的变化，由知府衙内一落而成孤苦零丁的穷书生，籍贯也由天府之都变成传统的南蛮之都。虽托门柳宗元之后，任那显然是“凑面子”或者说“凑热闹”。

如果说这称得上是一种形象建构——使戏演得“冠冕堂皇”一些，那么再拉上韩子才，贴上韩愈之后的标签，地点同样在广州，还拉上个杜宝，也贴了个杜甫的标签，如此越是密集表现，越显示出戏仿的解构的效果。在第六出《怅眺》里，柳梦梅通过与韩子才比“无厘头”的出身，可谓以一种戏谑的方式认定了自己的岭南身份。韩子才说自己“家世大唐年，寄籍潮阳县”，是因为他的先祖韩愈“潮州瘴死”，韩湘子为其收骨殖时，一时凡心顿起，与原妻传了宗祀，遂有他这嫡派苗裔也。这完全是反常识不着调的事儿。这两个家伙还掰乎先祖韩、柳同贬南来，旅舍之中，挑灯论文，结果却是殊途

[1] ［晋］干宝《汉谈生》，《搜神记》卷十六，北京：中华书局1991年，第202—203页。

同归：“贬窜烟方，也合着一处。”借以说明自己的寒儒处境，乃“时乎，运乎，命乎！”[1] 正是这种不着调的拉出身，反衬柳梦梅地地道道的岭南出身。讳言自己的土籍，也是岭南士子的尴尬；作为岭南文人之宗的张九龄，曾为与张说攀附而隐讳自己的土籍[2]。当时岭南之于中原，也正如一个人出身的寒微，但内在的品格，却就像柳梦梅所言：“虽然乞相寒儒，却是仙风道风。”出身低微，无捷径之资，“越王台上海连天，可是鹏程便？”这种出人异想的“海上”捷径，也从另一层面表明其岭南特质。

经此解构，所以在后来的情节中，人们便可以不把柳梦梅的标榜身份当回事，毫不客气地视其为南蛮子。在这种男女主角强烈的角色反差之下，想没“戏”都难。在此基础上，汤显祖还设置了地域反差，并为之配置了相应的条件。比如，传统的还魂，不过如嘱开棺，成就好事，或者失言，酿成悲剧，故事总是很孤立的，没有什么社会背景。可在《牡丹亭》中就不同，私自发墓开棺，那可是大违礼义，按《大明律》“开棺见尸，不分首从皆斩”的严律，死罪一条；虽然戏中的时代背景是宋朝，可人物口中说出的是明律。因此，关键时刻，开，还是不开，也可以说杜丽娘之至情能否得到恰当的呈现成了一个难题，而解决这一难题的，正是敢作敢为、多所不避忌的岭南才子柳梦梅。柳梦梅对杜丽娘，是“阴”间为妻，“阳”间守誓，不仅愿“鼓盆歌、庐墓三年礼”，“还要请他起来”，为此不拘但又以“这个不妨，是小姐自家主见”[3] 为方便之门，真是

---

[1] ［明］汤显祖《牡丹亭》，徐朔方《汤显祖集全编》戏曲卷三，上海：上海古籍出版社2015年，第2623—2624页。

[2] 参见戴伟华《张九龄“为土著姓”发微》，《文学遗产》2011年第4期，第38—44页。

[3] ［明］汤显祖《牡丹亭》第三十三出《秘议》，徐朔方《汤显祖集全编》戏曲卷三，上海：上海古籍出版社2015年，第2729—2730页。

只有这种“化外”的南蛮才想得出干得出。当情节进展到第三十七出《骇变》陈最良发现杜丽娘坟被挖，第一反应是：“知道了，柳梦梅岭南人，惯了劫坟。将棺材放在近所，截了一角为记，要人取赎。这贼意思，止不过说杜老先生闻知，定来取赎。”[1] 这恰恰集中反映了内地对岭南人的传统偏见。从某种意义上讲，杜丽娘之情，为柳梦梅而起，因柳梦梅而实现；在杜丽娘是至情，在柳梦梅是至性，这种至性，是至情的承载和成长的土壤。

我的导师黄天骥先生在《〈牡丹亭〉创作的几个问题》[2] 中，也讨论到人物聚焦或者角色的主动性如何转变到柳梦梅身上的问题。天骥师首先从“画中人”故事的因袭与改造说起：

> 汤显祖的《拾画》《玩真》，写杜丽娘成为“画中人”，在柳梦梅的呼唤中翩然来到。这一情节，显然是受到唐代小说《真真》[3] 的启发。因为，他熟悉真真的故事，在《谑客二首》其二云：“吁水如膏粉艳新，清寒能遇素心人。闻时意态梦中语，才见真真画未真。”而在《牡丹亭》的《写真》一出中，杜丽娘也唱道：

[1] ［明］汤显祖《牡丹亭》，徐朔方《汤显祖集全编》戏曲卷三，上海：上海古籍出版社2015年，第2743—2744页。

[2] 《文学遗产》2007年第1期，第99—107页。

[3] 载［明］冯梦龙《情史》卷九《闻奇录》，长沙：岳麓书社1984年，第280页。文曰：“唐进士赵颜，于画工处得一软障，图一妇人，甚丽。颜谓画工曰：‘世无其人也。如可令生，某愿纳为妻。’画工曰：‘余神画也。此亦有名，曰‘真真’，呼其名百日，昼夜不歇，必应。应，则以百家彩灰酒灌之，必活。’颜如其言。遂呼之，百日昼夜不止，乃应曰：‘诺。’急以百家采灰酒灌，遂活。下步言笑，饮食如常。曰：‘谢君召妾，妾愿事箕帚。’终岁生一儿，儿年二岁。友人曰：‘此妖也，必与为患，余有神剑，可斩之。’其夕，乃遗颜剑。剑才及颜室，真真乃泣曰：‘妾南岳地仙也。无何为人画妾之形，君又呼妾之名。既不夺君愿，君今疑妾，妾不可住。’言讫，拥其子却上软障，呕出先所饮百家彩灰酒。睹其障，唯添一孩子，皆是画焉。出《闻奇录》。”

“虚劳，寄春容教谁泪落，做真真无人唤叫，堪愁天，精神出现留与后人标。”作者让她忧虑不能像真真那样有人唤叫，也明白地点出了这一情节的渊源。

在许许多多人鬼恋的民俗传说中，尽管情节各不一样，而有一点是相同的，即：当鬼的，绝大多数是女性，是她经历死亡，是她采取主动。这样的描写，成了人鬼恋故事的基本格局。它反映了历代群众，意识到女性在封建社会中的地位，意识到在婚姻问题上，受苦最深的正是女性。因此，由她们担承死亡的痛苦，是人民大众承认并同情女性的不幸；而让女鬼获得爱恋，让她主动、大胆地追求，是给处于被动地位的女性作出补偿，是人民大众愿意承认：“情”与“欲”都是女性的合理要求。

不过，“真真”故事却把追求的主动权，归之于男性。而让女妖或女仙女鬼们隐于画中。如果不是由男士们大呼小叫，千呼万唤，她们是不会翩然应召的。“真真”故事的深刻性，在于它虽然让女性不采取主动，却容不得男性有半点的虚假。那赵颜一有疑心，真真便带着儿子回归画上。要求男女真心相待，这也是故事取名为“真真”的原因。

汤显祖把“真真”故事，融入于《牡丹亭》，也把追求的主动权让给了柳梦梅，这有利于表现他勇敢多情的形象。

接着，天骥师又从观众接受这一视角，阐述这一改塑的意义和作用：

在明清剧坛，《拾画》、《叫画》（即《玩真》）都是大受观众喜爱的折子戏。因为，这两出戏，最能表现出柳梦梅的多情与痴情。当观众们看到柳梦梅对着画像，如痴如醉，情真意切地呼叫“美人，美人，姐姐，姐姐，向真真呼叫你知么！叫得你喷

> 嚏似天花唾”的时候，都会被这志诚精神所打动。这一点，对杜丽娘形象来说，也是至关重要的。试想，如果作者把她魂牵梦绕的男人，写成为纯粹被动的角色；让杜丽娘和别的女鬼女仙那样，一味主动去爱，那么，很容易让观众怀疑她的爱是否真有价值。而当观众看到柳梦梅也是一片痴情，明白到杜丽娘所爱不虚时，自然也对她的爱情理想给予更多的同情。
>
> 唐人小说“真真”故事，写到了真真被疑，导致出现悲剧。《牡丹亭》也写杜丽娘被疑，她明白地告诉柳梦梅，“奴家还未是人”，“是鬼也”。柳梦梅虽也吃惊，但想到：“你是俺妻，俺也不害怕了。”于是就有后来“回生”“还魂”的情节。
>
> 柳梦梅到底是怎样一个人？是不是可以托付终身？这一点，杜丽娘也是心中无数的。所以，在她不得不表白自己是鬼之前，“话到尖头又咽”，而且先要柳梦梅定盟发誓。等到知道他并无嫌弃之意时，才敢把身份和盘托出。但在“一霎风动灵衣去了也”之后，又重新上场叮咛，跪在柳生面前恳请他切莫失信。这凄惶悲苦，固然表现出她追求理想的艰辛，也把戏剧悬念的焦点，全放置在柳梦梅身上。

我之所以大段大段地引用天骥师的文章，实在是无法找到更好的表述，又无法割舍先生的论述，这是要请理解的。天骥师还认为，聚焦柳梦梅，其实也有助于重塑杜丽娘：

> 汤显祖在《牡丹亭》题词里，提到睢阳王收拷谈生事。睢阳王的女儿是鬼，到阳间与谈生交好，曾嘱谈生：“我与人不同，勿以火照我也。三年之后，方可照。”生一儿，已二岁，夜伺其寝后，盗照视之，其腰以上，生肉如人，腰下，但有枯骨。妇觉，遂言曰：“君负我，我垂生矣，何不能忍一岁，而竟相照也。”

结果，此女涕泣而去。这一点，与《真真》里赵颜的负恩如出一辙。而在汤显祖笔下，柳梦梅则完全按照杜丽娘的嘱托："但见相思莫相负，牡丹亭上三生路。"作者要让观众同情杜丽娘对爱情的追求，便有意地强调柳梦梅不疑、不负的特质，这反过来对杜丽娘形象，当然会产生正面的影响。

天骥师还谈到这种角色重塑在中国戏曲史上的意义：

在中国戏曲史上，柳梦梅是颇具特色的角色。一般说来，元明清三代戏曲中的男主人公，大多是窝囊废。我们的女性，在现实生活饱受压抑；而在舞台上，女性的光彩，照亮了剧坛，也照亮了民俗史和审美史。至于男主人公，其品德才智，以及剧作家在塑造其形象时赋予的亮度，往往是大大低于女性，从张生、汉文帝、蔡伯喈、侯方域、许仙，许多名剧里面的男主角，多半都有或畏葸或迂俗的一面。唯独是柳梦梅，其胆识气度，其坚定意志，其处变不惊的能力，在戏曲作品男主人公的群像中，确是少见的。

天骥师特别指出，其成功塑造，也实得岭南行之助：

我不是说，汤显祖在塑造这个人物形象时，已经取得很大的成功。但无论如何，柳梦梅是今古情场中的勇敢分子。所以，明代的潘之恒认为，柳梦梅和杜丽娘都是情痴，只不过"杜之情痴而幻，柳之情痴而荡"。荡，就是放荡，就是在现实生活中，敢于左冲右突，不受任何拘束。也许，汤显祖曾被贬于徐闻，对岭南风物稍有认识，所以对柳梦梅这岭南才子的特性，也企图有所表现。

但是，受戏曲发展与社会历史的双重局限，天骥师又指出，柳梦梅形象的重塑还是有许多不足之处：

> 可能作者的笔力主要花费在杜丽娘身上，对男性的心态还未有更深的发掘，所以，尽管柳梦梅很勇敢，有才干，然而，杜丽娘形象的光辉，始终遮盖住他。或者说，作者笔力有所不逮，使柳梦梅未能像《西厢记》的张生那样，成为典型人物，成为某类男士的共名。
>
> 柳梦梅情痴而荡的形象，不利于封建统治，因为他的行为有违儒家“温良恭俭让”的教义。因此，明末进士陈轼便刻意改造柳梦梅，他在《续牡丹亭》一剧中，“因汤显祖载柳梦梅乃故佻达之人，作者与反而归之于正，言：梦梅自通籍后，即奉濂洛关闽之学为宋，每日读《朱子纲目》。”这样的的做法很可笑，却又反过来让我们看到柳梦梅形象对封建统治的冲击力。

综此，过去的研究，绝大多数集矢于杜丽娘的形象塑造及其至情观念，殊不知，秉其枢机的，却是柳梦梅这一全新角色的塑造。如何深入研究分析柳梦梅这一角色的塑造及其在戏剧冲突与情节推进中的作用及其局限，应该成为今后《牡丹亭》乃至汤显祖研究的重要课题。

第二节　梅花美人罗浮梦

前面我们已经提出，《牡丹亭》最大的创造之一，当是柳梦梅的岭南身份；名字未变，身份及性格特征已根本改变。至于汤显祖何以作出这种改变，上一节已约略，其岭南之行，当有重要影响。柳梦梅的“梅”字，可以为我们提供探讨线索之一种，因为汤显祖在岭南行程中，写下了不少涉梅意象的诗篇，而在离开岭南以后的岁月里，涉及到岭南的诗篇，也多用梅花意象，由此可以窥见这一转变的胎息[1]。

汤显祖是江西人，江西和广东，以大庾岭为界；以岭上多梅，大庾岭又名梅岭。或因此之故，在汤显祖的诗歌意象中，很早就将广东人与梅花联系了起来——汤显祖一生大部分与梅花有关的诗作，都与岭南有关。如万历五年所作的《红泉卧病怀罗浮祁衍曾》里就说：“知子住罗浮，四百几峰峦……倘便梅花使，行寄玉箱丸。”[2]如第二章所论，祁衍曾是他的至情至性的至交好友，柳梦梅的形象中，颇能见出其身影；在稍后的另一首诗中，他也将祁衍曾与梅相

[1] 笔者最初正式涉及汤显祖研究，是为了写作学术会议论文《汤显祖岭南行实考辨——兼论柳梦梅形象的塑造》（已刊《戏曲研究》第95辑，北京：文化艺术出版社2015年），即已注意到这一点，后来才发现，周育德教授在《汤显祖的贬谪之旅与戏曲创作》中对此有更详细的探讨，见《戏剧艺术》2010年第6期。

[2] 徐朔方《汤显祖集全编》诗文卷一一，上海：上海古籍出版社2015年，第173页。

联系，从而赋予某种象征色彩："汝家罗浮烟月深，青衫笑拂梅花琴……"[1]万历十九年，汤显祖南贬，踏入广东，他的咏梅诗作大增；入粤未几，便在《始兴舟中》中说："石墨画眉春色开，有人江上寄愁回。转风湾底曾回烛，新妇滩前一咏梅。"[2]接着在《乳源道中》也念念梅花："洞壑阑干滴乳源，湘州一径古梅村。九仙西北何灵气，袅袅风云长出门。"[3]到了广州，作《广城二首》，其二曰："画题小雪后，人在广州回。不道雷阳信，真成寄落梅。"[4]真是欲以梅花作使了。

最有意味的"梅"，则在道教名山罗浮。这里是祁衍曾的故居之地，素以梅著。如屈大均《广东新语》所言，入山口即有梅花村，"人多以艺梅为生。牛羊之所践踏皆梅也。冬春之际，以落梅醅酒，于村南麻姑酒田卖之"[5]。当年曾以梅花使者许祁，如今睹物忆人，宁无更多联想？这里也有更多的梅花轶闻佳话。较早的佳话，出自柳宗元作的《龙城录》，中有一则《赵师雄醉憩梅花下》曰：

> 隋开皇中，赵师雄游罗浮。一日，天寒日暮，在醉醒间，于松林酒肆旁舍，见一女子，淡妆素服，出迓师雄。时已昏黑，月色微明。师雄与语，言极清丽，芳香袭人。因叩酒门，相与饮。少顷，有一绿衣童来，笑歌戏舞。师雄醉寝，但觉风寒相袭。久之，东方已白，起视在大梅树下，上有翠羽啾嘈相顾，月落参横，

---

[1] ［明］汤显祖《送祁羡仲访琅琊丁太仆》，徐朔方《汤显祖集全编》诗文卷七，上海：上海古籍出版社2015年，第391页。徐朔方先生系为万历十三年作。

[2] 徐朔方《汤显祖集全编》诗文卷一一，上海：上海古籍出版社2015年，第635页。

[3] 徐朔方《汤显祖集全编》诗文卷一一，上海：上海古籍出版社2015年，第639页。

[4] ［明］汤显祖《广城二首》，徐朔方《汤显祖集全编》诗文卷一一，上海：上海古籍出版社2015年，第652页。

[5] ［清］屈大均《广东新语》卷三《山语》，北京：中华书局1985年，第93页。

但惆怅而已[1]。

这故事，已经是有梦有梅又姓柳了。如此美好的“柳梦梅”故事，也引起了后来谪居此地的苏东坡的咏怀；其《（绍圣元年）十一月二十六日松风亭下梅花盛开》曰：“春风岭上淮南村，昔年梅花曾断魂。岂知流落复相见，蛮风蜒雨愁黄昏。长条半落荔枝浦，卧树独秀桄榔园。岂惟幽光留夜色，直恐冷艳排冬温。松风亭下荆棘里，两株玉蕊明朝暾。海南仙云娇堕砌，月下缟衣来叩门。酒醒梦觉起绕树，妙意有在终无言。先生独饮勿叹息，幸有落月窥清樽。”“梦梅”故事，令人低回不已，遂有《再用前韵》：“罗浮山下梅花村，玉雪为骨冰为魂。纷纷初疑月挂树，耿耿独与参横昏。先生索居江海上，悄如病鹤栖荒园。天香国艳肯相顾，知我酒熟诗清温。蓬莱宫中花鸟使，绿衣倒挂扶桑暾。抱丛窥我方醉卧，故遣啄木先敲门。麻姑过君急洒扫，鸟能歌舞花能言。酒醒人散山寂寂，唯有落蕊粘空樽。”[2]继有《花落复次韵》：“玉妃谪堕烟雨村，先生作诗与招魂。人间草木非我对，奔月偶桂成幽昏。暗香入户寻短梦，青子坠枝留小园。披衣连夜唤客饮，雪肤满地聊相温。松明照坐愁不睡，井花入腹清而暾。先生来年六十化，道眼已入不二门。多情好事余习气，惜花未忍都无言。留连一物吾过矣，笑领百罚空罍樽。”[3]最后由物及人，由人及己，填《西江月》一阕，怀念已逝的爱妾朝云，堪称生死“梦”与“梅”：“玉骨哪愁瘴雾，冰骨自有仙风。海仙时遣探芳丛，倒挂绿毛么凤。素面常嫌粉涴，洗妆正褪唇红。高情

[1] ［唐］柳宗元《龙城录》，［清］阮元《（道光）广东通志》卷三百三十二，上海：商务印书馆1934年，第5690页。

[2] ［宋］苏轼《东坡诗集》，北京：中华书局1982年，第2075、2076页。

[3] ［宋］苏轼《东坡诗集》，北京：中华书局1982年，第2078页。

已逐晓云空，不与梨花同梦。”[1]

梅花与爱情的关系，也源远流长，最早可以追溯到《诗经》的《摽有梅》：

摽有梅，其实七兮！求我庶士，迨其吉兮！
摽有梅，其实三兮！求我庶士，迨其今兮！
摽有梅，顷筐塈之！求我庶士，迨其谓之！[2]

将梅花与爱情联系起来，汤显祖在剧作中较早即有尝试；首次出现“梅花美人”的意境，是在《紫钗记》第六出《坠钗灯影》。说在元宵灯会上，霍小玉的燕尾紫玉钗挂到了梅梢，跌落在地，被李益拾得，李益以“梅者，媒也；燕者，于飞也”展开了才子佳人的爱情攻势[3]。在罗浮山，因为历史的深厚积淀和现场的感慨激发，汤显祖也开始在诗歌中一再将“梅”与“梦”与“美人”联系起来——柳梦梅的形象仿佛至此开始塑造。如《至月朔罗浮冲虚观夜坐》：“夜酒朱明馆，参星倚户开。梅花须放蚤，欲梦美人来。”[4]又《罗浮上帘泉避雨蝴蝶洞，迟南海崔子玉不至四首》之三：“洞中隐风雨，梦蝶愁飞举。美人湿不来，暗与梅花语。”[5]因此，“梅花消息”，便念念不置：“罗浮观日罢，出谷晚苍凉。壑去悬流寂，峰过倒影长。美云随望尽，仙草逐行香。消息梅花月，归舟兴不忘。”[6]而在归

[1] ［宋］苏轼《增订注释苏轼词》，北京：文化艺术出版社1998年，第36页。
[2] 金启华《诗经全译·召南》，南京：江苏古籍出版社1984年，第42页。
[3] 参见周育德《汤显祖的贬谪之旅与戏剧创作》，《戏剧艺术》2010年第6期，第27—40页。
[4] 徐朔方《汤显祖集全编》诗文卷一一，上海：上海古籍出版社2015年，第664页。
[5] 徐朔方《汤显祖集全编》诗文卷一一，上海：上海古籍出版社2015年，第665页。
[6] ［明］汤显祖《出朱明观》，徐朔方《汤显祖集全编》诗文卷三，上海：上海古籍出版社2015年，第663页。

来之后，遥想罗浮，仍是梅花作使："更折梅花问耆旧，罗浮清隐最相闻。"[1]

从此之后，梅花的意象，如梦如诉，萦绕于心间诗上，尤其是岭南仿佛成了梅花的表征之地。游毕罗浮，前往徐闻，《阳江道中》说："恩春少佳树，向北梅花夕。入门问小吏，知是莲塘驿。莲叶落已久，林塘映非昔。参星到庭户，素月沾檐隙。促织犹在野，无衣念行役。炎州少冰雪，流光去无迹。惟余千里心，间房眷幽客。"[2]蓦地冒出"梅花夕"，如非心中有梅花情结，实难解释。离开岭南，回到内地，梅花情结更深；他自身仿佛也具有了一种岭南梅花的象征性。如在遂昌任上，风闻自己将升迁，作《漫书所闻答唐观察》曰："岭外梅残鬓欲星，孤琴摇拽越山青。只言姓字人间有，那得题名到御屏……一疏春浮瘴海涯，五年山县寄莲花。已拚姓字无人识，检点封章得内家。"[3]特别是弃官家居后，更易念旧怀人，及于岭南故旧，更是将梅花视为岭南的表征，如《送曾人倩由武夷还南海》曰："桂树之南梅花渚，洞庭山人旷幽阻……"[4]并以梅花作为彼此心曲的系物，如《送马仲高入都并问区太史邓吏部梅岭诗》曰："马生千里姿，游闲气清楚。来从海珠寺，江光映重阻。……苍梧旧所历，长安有心与。海目迥清旷，韶阳美风绪。恻恻江潭人，梅花相忆汝。"[5]《宗望酒中言别》也是梦回梅岭：

三秋一日见归期，忍泪河梁步欲迟。

[1] ［明］汤显祖《送刘参藩寄问东莞覃见日卢海畴诸子》，徐朔方《汤显祖集全编》诗文卷一七，上海：上海古籍出版社2015年，第1040页。
[2] 徐朔方《汤显祖集全编》诗文卷一一，上海：上海古籍出版社2015年，第691页。
[3] 徐朔方《汤显祖集全编》诗文卷一二，上海：上海古籍出版社2015年，第736页。
[4] 徐朔方《汤显祖集全编》诗文卷一七，上海：上海古籍出版社2015年，第1024页。
[5] 徐朔方《汤显祖集全编》诗文卷一四，上海：上海古籍出版社2015年，第825页。徐先生系为万历二十七年作。

更向章门一杯酒，暮云秋色过江时。
久客逢秋心易伤，新声还此尽离觞。
休将半路梅花岭，梦断相思玉茗堂[1]。

不独于岭南故旧，及于其他好友，及于岭南，汤显祖也往往以梅花系心彼此。“曲车千里意无涯，将落来悲楚客家。一夕关河留紫气，几年江岭寄梅花。秋风满鬓人难别，夜火双旌月未斜。向后秦川清泪里，梦回残露滴蒹葭。”[2]念及贬谪岁月，虽然偶有不堪，而岭梅早熟，罗浮昼长，却足堪慰藉：“万死雄飞御史章，天恩还许到雷阳。移家数傍君迁树，少妇长开苏合香。岭峤清和梅熟蚤，楚江风雨燕飞忙。重来海容将何语，曾住罗浮觉昼长。”[3]其《夜书梅花阁》曰：“素月流清墀，夜久光如积。悠然江海心，冯轩此闻笛。”[4]“梅”彩甚浓，详诗意，则全是岭南江海心；此心此梅，引人遐思。

另一首虽无涉岭南的涉梅诗，只是吟咏一个发充教坊的有明一代读书种子方孝孺的后人，至情至性的故事，却更饶《牡丹亭》的戏剧韵味，即《高座寺为方侍讲筑莹台四绝有引》：

方家女种落教坊，年年踏青雨花台上，望而悲之，曰：“我

[1] 徐朔方《汤显祖集全编》诗文卷一六，上海：上海古籍出版社2015年，第815页。
[2] ［明］汤显祖《壬寅中秋后三夕，送刘天虞归秦至延桥别作。天虞以潞守清强忤中贵，谪税岭外。归道饶阳，迂回过我。三日而别，能不心伤》，徐朔方《汤显祖集全编》诗文卷一四，上海：上海古籍出版社2015年，第888页。徐先生笺曰：“汤氏同年进士，曾任潞安知府，以得罪中官，左迁广东提举。”
[3] ［明］汤显祖《与钦之言别》，徐朔方《汤显祖集全编》诗文卷一四，上海：上海古籍出版社2015年，第815页。徐朔方先生系为万历二十七年作。
[4] ［明］汤显祖《汤显祖诗文集》卷二十，徐朔方笺校，上海：上海古籍出版社1982版，第859页。

祖翰林君也。双梅树为记，因地入梅都尉家而酹绝。”予为植其墓，有田，春秋祠之。教坊人先已为李道父郎中放其籍，嫁商人矣。

碧血谁栽双树栽，为茔相近雨花台。
心知不是琵琶女，寒食年年挂纸来。
宿草悲歌日欲斜，清明不哭怕梅家。
不知都尉当年死，也似梅花近雨花（都尉亦死靖难）。
一种寒梅似白杨，墓门不闭返魂香。
雨花台上春愁客，只似游湖看岳王。
定有舍利世不传，宝瓔偷得葬江边。
从今更与生公说，好雨香花向墓田[1]。

汤显祖因为感于方氏女这种至情至性，遂亦有一至情至性举动，即为乃祖植墓，并辟田以祠；在四绝纪事诗中，极咏其墓前寒梅如返魂之香，同时大力表彰死于靖难的梅都尉“也似梅花近雨花”。杜丽娘与柳梦梅的一番至情至性，谓于此即伏其源，不为过也。

至于《牡丹亭》一剧中之“梅花消息”，周育德先生有过详细的梳理[2]；如果说在《紫钗记》中是李益“以梅花为武器”展开爱情攻势，《牡丹亭》的“梅花爱情”，却是“攻守异势”；杜丽娘是念念柳郎，她的生生死死，似乎也是为了成全柳郎：“小生……每日情思昏昏，忽然半月之前，作下一梦。梦到一园，梅花树下，立着个美人，不长不短，如送如迎。说道：‘柳生，柳生，遇俺方

[1] 徐朔方《汤显祖集全编》诗文卷十，上海：上海古籍出版社2015年，第610—611页。
[2] 参见周育德《汤显祖的贬谪之旅与戏剧创作》，《戏剧艺术》2010年第6期，第27—40页。

有姻缘之分，发迹之期。’因此改名梦梅，春卿为字。”[1] 而且她以命相待的柳郎，一开始就设定了岭南；在《惊梦》一出，杜丽娘上场即说：“晓来望断梅关，宿妆残。”[2] 须知，汤显祖的《牡丹亭》，已将故事的发生地，由《杜丽娘慕色还魂》的南雄府，改在了梅岭以北的南安府，因此望断梅关，即望断岭南。在《寻梦》一出中，则进一步出现岭南的具体地点——寻梦寻往罗浮山：

> ［望介］呀，无人之处，忽见大梅树一株，梅子磊磊可爱。
>
> 【二犯么令】偏则他暗香清远，伞儿般盖得周全。他趁这，春三月红绽雨肥天，叶儿青，偏迸着苦仁儿里撒圆。爱煞这昼阴便，再得到罗浮梦边。
>
> 罢了，这梅树依依可人，我杜丽娘若死后得葬于此，幸矣。
>
> 【江儿水】偶然间心似缱，梅树边。这般花花草草有人恋，生生死死随人愿，便酸酸楚楚无人怨。待打并香魂一片，阴雨梅天，守的个梅根相见[3]。

罗浮山是汤显祖神往盘桓之地，是梅花美人梦幻之地，也是颇具柳梦梅性情特质的至交好友祁衍曾居住之地，《牡丹亭》的岭南渊源在此可见一斑，柳梦梅的岭南才子特征在此可见一斑。

此后，无论《写真》的杜丽娘的唱词：

[1] ［明］汤显祖《牡丹亭》第二出《言怀》，徐朔方《汤显祖集全编》戏曲卷三，上海：上海古籍出版社2015年，第2612页。

[2] ［明］汤显祖《牡丹亭》第十出《惊梦》，徐朔方《汤显祖集全编》戏曲卷三，上海：上海古籍出版社2015年，第2638页。

[3] ［明］汤显祖《牡丹亭》第十二出《寻梦》，徐朔方《汤显祖集全编》戏曲卷三，上海：上海古籍出版社2015年，第2648—2649页。

[旦]谢半点江山，三分门户，小小行乐，捻青梅闲厮调。倚湖山梦晓，对垂杨风袅。忒苗条，斜添他几叶翠芭蕉[1]。

还是《诊祟》杜丽娘念白：

【行香子】……咳！咱弄梅心事，那折柳情人，梦淹渐暗老残春[2]。

抑或《闹殇》中杜丽娘和杜母的台词：

【玉莺儿】[旦泣介]旅衬梦魂中，盼家山千万重。[老旦]便远去也。[旦]是不是听女儿一言。这后花园中一株梅树，儿心所爱。但葬我梅树之下可矣。[老旦]这是怎的来？[旦]做不的病婵娟桂窟里长生，则分的粉骷髅向梅花古洞。[老旦泣介]看他强扶头泪蒙，冷淋心汗倾，不如我先他一命无常用。[合]恨苍穹，妒花风雨，偏在月明中[3]。

无不一往而为"梅"情深，为"梅"暗老，为"梅"魂飞了。这种对爱情至死不渝的追求，当然正是对柳梦梅至死不渝的追求。周育德先生认为杜丽娘之葬于梅花树下，与《寻梦》呼应的所谓"梅花古洞"，就是汤显祖说过的罗浮山的朱明洞，"妒花风雨，偏在月

[1] [明]汤显祖《牡丹亭》第十四出《写真》，徐朔方《汤显祖集全编》戏曲卷三，上海：上海古籍出版社2015年，第2654页。
[2] [明]汤显祖《牡丹亭》第十八出《诊祟》，徐朔方《汤显祖集全编》戏曲卷三，上海：上海古籍出版社2015年，第2666页。
[3] [明]汤显祖《牡丹亭》第二十出《闹殇》，徐朔方《汤显祖集全编》戏曲卷三，上海：上海古籍出版社2015年，第2674页。

明中”也是汤显祖游罗浮山诗的意境[1]，则又一方面反映了岭南之行的影响，同时也彰显了柳梦梅的岭南特质。

[1] 参见周育德《汤显祖的贬谪之旅与戏剧创作》，《戏剧艺术》2010年第6期，第36页。

第三节　岭南才子寄深情

汤显祖与不少岭南士宦有深入而真挚的交往，并寄寓着许多关切和感慨，其中不少方面，我们可以在柳梦梅身上看到影子；说柳梦梅是岭南才子，并非虚占身份。岭南远离政治中心，人才每不易脱颖而出。故汤显祖在入粤前所作的《送梁兴古暂归东莞，并寄袁萃霞贵竹中》说："每闻深论欲过从，恨别灵山几万重。瘴岭人才多伏骥，清时选法似图龙。乡心自试槟榔驿，客路还过紫橘峰。更说白人能卖剑，不妨樽俎劝春农。"[1]颈联的理想几乎移用在了柳梦梅身上。即便像他的同年好友卢少从，已是进士出身，犹难免怀才不遇，不得其用；汤显祖《送卢少从马平归东粤》便曰："难将试剧比投荒，二广风烟似一乡。雪署送归歌宿莽，风津奏发伤垂杨。沾衣海色昭潭尽，绕骑春光郁岭长。会见府朝收迹远，握中悬璧自生光。"[2]

在剧中，柳梦梅就堪称"握中悬璧"。第二出《言怀》一出场，虽然托言柳宗元之后，只不过为了表明自己"绍接诗书一脉香"而已，并非吃"先人"老本，实是通过"能凿壁，会悬梁"，始能"偷

[1] 徐朔方《汤显祖集全编》诗文卷四，上海：上海古籍出版社2015年，第249页。
[2] 徐朔方《汤显祖集全编》诗文卷十，上海：上海古籍出版社2015年，第571页。徐先生系于南京作。

天妙手著文章”；现在成为生员，也是因为“志慧聪明，三场得手”考出来的，不比做陪衬的韩子才，是请来的“香火秀才”。因此，面对梦中的杜丽娘，丝毫没有高攀的意思，因为他的底气乃是“定佳期盼煞蟾宫桂，柳梦梅不卖查梨”[1]——牛皮真不是吹的。但是，理想和志向很美好，现实却很“骨感”——“越王台上海连天，可是鹏程便？”他借丑角韩子才的口说“到是不读书的人受用”，只有“俺连篇累牍无人见”[2]。

所以，柳梦梅与韩子才这种面海而生，远离中原“关系圈”的岭南士子，仕进多歧，一方面感叹读书无用，另一方面又还得通过与岭南甚有渊源的陆贾“陛下马上取天下，能以马上治之乎”的故事，兜兜转转回到汲求仕进的现实中来后，要想“握中悬璧自生光”，就须突破常规的“屠龙之选”，“谒遇”便顺理成章地成为出路之一。借夷舶贸易以“献宝”——去澳门干谒钦差识宝中郎苗舜宾，可谓具有岭南特色的转机。其实也只是戏说而已，因为在现实中这么好说话的官员是很难找的：“［生］南海开珠殿，［净］西方掩玉门。［生］剖怀俟知己，［净］照乘接贤人。”面对一位自称“小生贫苦无聊，闻得老大人在此赛宝，愿求一见，以开怀抱”的初来乍到的广州府学生员，这苗舜宾却“［净笑介］既逢南土之珍，何惜西昆之秘，请试一观”，实在也是有违常情的。

但是，柳梦梅抓住这“难得的机遇”，以岭南骂人的俗语“献

[1]　［明］汤显祖《牡丹亭》第二出《言怀》，徐朔方《汤显祖集全编》戏曲卷三，上海：上海古籍出版社2015年，第2612页。

[2]　［明］汤显祖《牡丹亭》第六出《怅眺》，徐朔方《汤显祖集全编》戏曲卷三，上海：上海古籍出版社2015年，第2625页。

世宝”[1]自称，自信而豪迈地“出击”，使整个场景戏谑化，也脱出了传统的窠臼：

【前腔】……［生叹介］老大人，这宝物蠢尔无知，三万里之外，尚然无足而至。生员柳梦梅，满胸奇异，到长安三千里之近，倒无人购取，有脚不能飞。［唱］他重价高悬下，那市能奸诈。嗏，浪把宝船划。［净］疑惑这宝物欠真么？［生］老大人，便是真，饥不可食，寒不可衣。看他似虚舟飘瓦。［净］依秀才说，何为真宝？［生］不欺，小生倒真是个献世宝。［唱］我若载宝而朝，世上应无价。［净笑介］则怕朝廷之上，这样献世宝也多着。［生唱］但献宝

[1] “献世”在粤语俗语中是丢人现眼的意思，是妇孺皆知的，香港著名作词家林夕一首名为《献世》的歌曲（陈小春原唱）即用此义。其实在汤显祖的时代，已有这个意思。如［明］抱瓮老人《今古奇观·徐老仆义愤成家》卷二十五中说：“那锦沙村有个晏大户，家私大富，田产广多，所生一子，名为世保，取世守其业的意思。谁知这晏世保，专于嫖赌，把个老头儿活活气死。合村的人道他是个败子，将晏世保三字顺口改为献世宝。”清初刊本。又明罗懋登《西洋记》卷八（周按：全称为《三宝太监西洋记通俗演义》，写郑和下西洋事）第三十八回《张天师活捉神姑，王神姑七十二变》写王神姑变的那七十二个妓女与郑和的对话：“老爷道：‘他混名叫做个老实，怎么也说的不是。’众人说道：‘老实头儿鼻子偏虚，故此叫做个假老实。’老爷又问道：‘别宝的回回说的，可是？’众人说道：‘这个说的是。’老爷道：‘终不然，你们是个宝。’众人道：‘我们是个宝。’老爷道：‘是个甚么宝？’众人道：‘是个献世宝。’老爷道：‘你们不像个献世宝。’众人说道：‘若不是个献世宝，怎么一齐儿四马攒蹄的捆在帐下？’国师高张慧眼说道：‘你这个宝，却费过天师许多事了。’”明万历二十五年刊本。今人罗竹风主编的《汉语大词典》第五册收了这个词条，也是这样解释，并举了明杂剧《量江记》的例子：“你岂不知，一代起一代倒，好爷养出现世宝也罢，我一人计策有限，扯起招贤旗来，但有献计者着他进来。”北京：汉语大词典出版社1990年，第138页。窃以为其断句有误，宜断为：“一代起一代倒，好爷养出现世宝。也罢，我一人……”

龙宫笑杀他，便斗宝临潼也赛得他[1]。

从此之后，献宝就成了贯穿剧情的情节。如《旅寄》写初到南安府，也自称“五羊城一叶过南韶，柳梦梅来献宝”[2]。

当然，最强的献宝情节，当在《耽试》一出。在第四十一出《耽试》中，皇帝“临轩策士，问和战守三者孰便”，天字号三卷中，主不和的对以“如里老之和事”，和不得也，主守的，对以“如女子之守身”，主战的则对以“南朝之战北，如老阳之战阴”，诚乃“文章五色靴，怕冬烘头脑多”，“不知时务，不晓天心”。虽是“戏言”，毕竟给柳梦梅不拘“似图龙”的“清时选法”作了铺垫——他错过了考期，终以“苗老先生赍发俺来献宝”获座主苗舜宾以“南海遗珠”收考。柳梦梅对以“可战可守而后能和。如医用药，战为表，守为里，和在表里之间”，虽有戏谑之嫌，其于事势，“则愿的吴山立马那人休，俺燕云唾手何时就？若止是和呵，小朝廷羞杀江南；便战守呵，请銮舆略近神州”，却是言辞整严，气势不凡的，因此被誉为“三分话点破帝王忧，万言策检尽乾坤漏”，实不可当“戏言”看。岭南人的务实通脱，于此也得到极佳的呈现。方此之际，柳梦梅情不自禁自豪地说：“小生岭南之士。”[3] 完全用不着抬出柳宗元来自占身份了，而是一个足以傲世的岭南才子了。

当然，我们也可以说，柳梦梅的“耽试”对策，在一定程度上是汤显祖自己的投影与寄怀，因为从其过往之言这确是他向往的

[1] ［明］汤显祖《牡丹亭》，徐朔方《汤显祖集全编》戏曲卷三，上海：上海古籍出版社2015年，第2681页。

[2] ［明］汤显祖《牡丹亭》，徐朔方《汤显祖集全编》戏曲卷三，上海：上海古籍出版社2015年，第2684页。

[3] ［明］汤显祖《牡丹亭》，徐朔方《汤显祖集全编》戏曲卷三，上海：上海古籍出版社2015年，第2755—2757页。

境界；如他在三十七岁时作的述怀诗《三十七》中说："……历落在世事，慷慨趋王术。神州虽大局，数着亦可毕。了此足高谢，别有烟霞质。何悟星岁迟，去此春华疾。陪畿非要津，奉常稍中秩。几时六百石，吾生三十七。壮心若流水，幽意似秋日。兴至期上书，媒劳中阁笔。常恐古人先，乃与今人匹。"[1]又在给当时内阁大臣余有丁的信中说："某少有伉壮不阿之气，为秀才业所消，复为屡上春官所消。然终不能消此真气。观察颜色，发药良中。某颇有区区之略，可以变化天下。恨不见吾师言之。"[2]曾与汤显祖有过直接交往的钱谦益也说："义仍志意激昂，风骨遒紧，扼腕希风，视天下事数着可了。"[3]但是，如此寄寓于一个岭南才子，不也更彰显汤显祖的对岭南人才士人、对岭南友朋故旧的一往情深吗？

渐近剧终，柳梦梅的岭南形象更得到了集中的呈现。第五十一出《榜下》的净末的问答，则将柳梦梅岭南人的身份进行官方化的呈现与认可："［末］适间宣旨，状元柳梦梅何处人？［净］岭南人。"[4]在这种场合，原本可以附加上郡望等以彰出身，竟答以斩截的"岭南人"三字，乃可见出其于身份的自信乃至于自傲。接下来第五十二出《索元 》通过"［内］何处人？［众］广南乡贯"的问答，则让柳梦梅的岭南身份得到正面的认可。再下来第五十三出《硬拷》，则是柳梦梅对自己岭南身份的坚定维护，当然也是汤显祖岭南情怀的一种表示。故开场即以一曲【新水令】定调："则这怯书生剑气吐长虹，原来丞相府十分尊重，声息儿忒汹涌。"面

[1] 徐朔方《汤显祖集全编》诗文卷八，上海：上海古籍出版社2015年，第409页。

[2] ［明］汤显祖《答余中宇先生》，徐朔方《汤显祖集全编》诗文卷四四，上海：上海古籍出版社2015年，第1758页。

[3] ［清］钱谦益《列朝诗集小传》丁集中"汤遂昌显祖"，按：信中"秀才业"写作"秀木业"，当误。上海：上海古籍出版社1983年，第563页。

[4] ［明］汤显祖《牡丹亭》，徐朔方《汤显祖集全编》戏曲卷三，上海：上海古籍出版社2015年，第2797页。

对准岳丈杜平章冷眼轻视——“[外]寒酸，你是那色人数？犯了法，在相府阶前不跪”，柳梦梅昂然以对：“［生］生员岭南柳梦梅，乃老大人女婿”，豪无怯色，还备感自豪：“［生］你这样女婿，眠书雪案，立榜云霄，自家行止用不尽，定要秋风老大人？”[1]

在终曲的第五十五出《圆驾》，柳梦梅还以搞笑的方式，与平章岳丈“平起平坐”：

> ［生］岳丈大人拜揖。［外］谁是你岳丈！［生］平章老先生拜揖。［外］谁和你平章？［生笑介］古诗云：“梅雪争春未肯降，骚人阁笔费平章。”今日梦梅争辩之时，少不的要老平章阁笔。

还进而略显不敬地将了老岳丈一军：

> ［外］你罪人咬文哩。［生］小生何罪？老平章是罪人。［外］俺有平李全大功，当得何罪？［生］朝廷不知，你那里平的个李全，则平的个“李半”。［外］怎生止平的个“李半”？［生笑介］你则哄的个杨妈妈退兵，怎哄的全！［外恼作扯生介］[2]

在质证环节，杜宝说不过柳梦梅，便对其进行带地域歧视的人身攻击：“［外］正理，正理！花你那蛮儿一点红嘴哩！”立即遭到柳梦梅的反击：“［生］老平章，你骂俺岭南人吃槟榔，其

[1] ［明］汤显祖《牡丹亭》，徐朔方《汤显祖集全编》戏曲卷三，上海：上海古籍出版社2015年，第2802—2803页。
[2] ［明］汤显祖《牡丹亭》，徐朔方《汤显祖集全编》戏曲卷三，上海：上海古籍出版社2015年，第2812页。

实柳梦梅唇红齿白。”[1] 即便最后皇帝出面调和，柳梦梅仍不肯示弱：“［末］状元，认了丈人翁罢。［生］则认的十地阎君为岳丈。”最后还是杜丽娘的稀泥和得成功：“［旦］爹娘，人间白日里高结彩楼，招不出个官婿。你女儿睡梦里、鬼窟里选着个状元郎，还说门当户对！则你个杜杜陵惯把女孩儿吓，那柳柳州他可也门户风华。”[2] 一个杜杜陵，一个柳柳州，柳梦梅的岭南人意识，最终也还得向时代妥协，就像大多数广东人，至今都自认打中原经珠玑巷南迁而来，而且还常常摆谱为衣冠望族。

岭南之行，对汤显祖是深刻难忘的，在《牡丹亭》剧中，还有诸多表现。其中澳门之行是重头戏，但有些小问题至今仍有争论。比如说“香山岙里巴”的“巴”。《牡丹亭》第二十一出《谒遇》曰：

> 【光光乍】［老旦扮僧上］：一领破袈裟，香山岙里巴。多生多宝多菩萨，多多照证光光乍。小僧广州府香山岙多宝寺一个住持。这寺原是番鬼们建造，以便迎接收宝官员。兹有钦差苗爷任满，祭宝于多宝菩萨位前，不免迎接。

对于这“巴”字何所指，颇有争议。徐朔方先生注为大三巴，现在看，当然有问题，因为那时候大三巴还没有建；有人说指小三巴或普通的圣保罗教堂（SanPaolo Church），龚刚先生也予以否决，认为约建于嘉靖四十二年的圣保罗教堂旧堂只是一间简陋的、供耶稣会士起居研习祷告的小教堂，不可能出现《牡丹亭》中柳梦梅所见的那种大排场，也不可能摆列诸多价值连城的昂贵珍宝。

---

[1] ［明］汤显祖《牡丹亭》，徐朔方《汤显祖集全编》戏曲卷三，上海：上海古籍出版社2015年，第2815页。

[2] ［明］汤显祖《牡丹亭》，徐朔方《汤显祖集全编》戏曲卷三，上海：上海古籍出版社2015年，第2817—2818页。

龚先生进一步由多宝寺为佛寺释“巴”为“长住”[1]，则不免有胶柱鼓瑟、牵强附会之嫌了。《牡丹亭》里已经明说了这多宝寺“原是番鬼们建造，以便迎接收宝官员”，即其前身为“巴”，如今僧占为寺；历史上肯定没有这种事情，但戏剧里可以有，就像柳梦梅是柳宗元的后人，韩子才是韩愈的后人一样。变教堂为僧堂，当然也反映了汤显祖佛道本位的宗教观，他对天主教不太以为然，说他们的西来传教，乃是“黄金作使”而已。顺便一说，剧中的赛宝场景，不过是朝贡贸易的戏剧表现而已，但其地点，先在贡舶上，后在澳门，没有任何文献支持在澳门外的香山境内的。

在第五十二出《索元》中，郭驼在杭州市面上寻找柳梦梅：

> 【香柳娘】问新科状元，问新科状元。[内]何处人？[众]广南乡贯。[众]柳梦梅面白无巴缱。……[内]俺这一带铺子都没有，则瓦市王大姐家歇着个番鬼。[众]这等，去，去，去。……[老旦、丑上]王大姐喜哩。柳状元在你家。[贴]什么柳状元？[众]番鬼哩？[贴]不知道。[众]地方报哩[2]。

汤显祖初抵广州时即震惊于广州对外贸易的繁华，在《南海江》里也写到“时时番鬼笑，色色海人眠”，对在广州的“番鬼”印象深刻。到了澳门，有更深入的了解。这里把“番鬼”引入杭州，正显示了汤显祖一种难以忘怀的岭南记忆，或者也从侧面反映了当时国人对于岭南的印象。从历史真实讲，由于海禁和通商的管制，

[1] 龚刚《〈牡丹亭〉校注本“香山岙里巴”注释献疑》，《中华文史论丛》2010年第4期。

[2] [明]汤显祖《牡丹亭》，徐朔方《汤显祖集全编》戏曲卷三，上海：上海古籍出版社2015年，第2798页。

明代内地是没有外国人的，除了个别经岭南而来的传教士。浙江、福建也间曾开放，但在朝廷的区域划分中，与“番鬼”的合法贸易权，只在广东，而且“番鬼”的叫法也是一种广式的叫法。周育德先生认为剧中人等把柳梦梅视为番鬼，恐非是。广东人与番鬼，还是有明显的区别的。因为同是从岭南来，所以戏谑地将其联系起来了。

第四节　《邯郸记》的海南问题

除了《牡丹亭》外，汤显祖的另一部剧作《邯郸记》也颇及于岭南，因为地点在海南，而我前面的考察结论是没有多少有力的证据表明汤显祖到过至少没有深入过海南，所以这部剧作写海南风物及人事很浅很泛，其中不少描写似是实非。但是，其所表明的汤显祖对岭南的记念与关切，却是一致的。

《邯郸记》取材于唐传奇沈既济的《枕中记》，原文仅一千三百余字，也就是所谓的“黄粱一梦”的故事。写卢生枕在吕洞宾的瓷枕上进入梦乡后，先纳贵妇，后举进士，登甲科。出典同州，寻转陕州。在陕州开河八十里，大有功，入京为京兆尹。后除御史中丞、河西陇右节度使，破虏、开地、筑城，归朝策勋，恩礼极崇。然为宰相所忌，贬端州刺史。三年征还，除户部尚书，未几拜相同掌朝政十年，号为贤相。又为同列所害，几死，出授驩州牧。复起为中书令，封赵国公，恩旨殊渥，备极一时。因为文章甚短，其两窜岭表并无情节描述。汤显祖对《枕中记》应该很熟悉，也很欣赏，因为他在《虞初志》中选录了此篇[1]。

[1]　[明] 汤显祖《虞初志》卷三，明弦歌精舍如隐草堂刻本。徐朔方《汤显祖集全编》诗文卷五一收录有《点校虞初志序》及《续虞初志评语三十二则》，上海：上海古籍出版社2015年，第2178—2179页。

在改编成戏曲《邯郸记》时，汤显祖略去了出贬端州的情节，出授驩州牧也改为“谪去广南鬼门关安置”。整个过程，则演为《飞语》《死窜》《谗快》《备苦》《功白》《召还》六出。贬谪地改为崖州，赵山林教授认为或基于三个理由：一是崖州是唐代宰相杨炎、韦执谊、李德裕等名臣的贬谪地，颇有“名”。二是更符合沈既济的初衷；沈乃因杨炎举荐而任左拾遗、史馆修撰，亦受牵涉贬为处州司户，其有感而作《枕中记》，不说崖州而说驩州，或有所讳也。三是汤显祖熟悉此地，曾作有《琼人说生黎中先时尚有李赞皇诰轴遗像在，岁一曝之》诗言李德裕事曰：“英风名阙冠朝参，麻诰丹青委瘴岚。解得鬼门关外客，千秋还唱梦江南。”[1]大约是因为听说之辞，自己也略有感触，信笔所作，不然，在戏曲中大集唐诗的汤显祖应该知道，“鬼门关”故事的本事其实是关于杨炎的；杨炎有《流崖州至鬼门关作》曰：“一去一万里，千之千不还。崖州何处在，生度鬼门关。”[2]

或许因为汤显祖的影响，后世方志俱将此诗系为李德裕作。如《（道光）琼州府志》曰：“交址有鬼门，关其南多瘴疠，去者罕得生还。谚曰：鬼门关，十人去，九不还。唐李德裕贬崖州经此，赋诗云：‘一去一万里，千之千不还。崖州在何处，生度鬼门关。’”[3]详诗意，这鬼门关，乃是经此而去崖州，而非崖州的鬼门关，其不在崖州无疑。清人翟灏《通俗编》则有明示所在：“鬼门关，……《唐书地理志》：‘容州北流县南，有两石相对，迁谪至此者，罕得生还，俗号鬼门关。’谚曰：‘鬼门关，十人去，九不还。’《李德裕诗》：‘崖

[1] 参见赵山林《论汤显祖〈邯郸记〉的成就及其影响》，《戏曲研究》第24辑，北京：文化艺术出版社2007年，第24—25页。

[2] ［清］曹寅《全唐诗》卷一百二十一，清文渊阁四库全书本。［宋］计有功《唐诗纪事》卷三十二亦系杨炎作，四部丛刊景明嘉靖本。

[3] ［清］张岳松《（道光）琼州府志》卷四十四，清道光修光绪补刊本。

州在何处，生度鬼门关。’”[1]也有可能在廉州。明吴廷举《按廉州新寮堡》诗曰：“简书严急敢图安，五鼓披衣上使按。烟雾氛蒸铜柱界，星辰影动鬼门关。边城鸡罢听鸣柝，客馆萤飞咏伐檀。海北路岐明日尽，横槎江上谩观澜。”[2]又有电白鬼门之说：“放鸡山，在电白县南天海中莲头寨港口。世传唐卫国公李德裕贬崖州司户时，舟次于此，口占云：‘崖州在何处，生度鬼门关。’既而舟溺，常显灵于此。”[3]此非当时贬经之地，显非。海南文昌也有一处鬼门关，因在海上，而非人居之地，也不可能是历史上及剧中的鬼门关[4]。

因此之故，汤显祖《备苦》一出，写卢生在广东遇虎、遇劫、遇飓风、遇鲸浪，诚是备极苦难，始到得鬼门关：

> ［风起介］好了，好了，一阵飓风来。前面是岸，尽力跳上去。［跳介］谢天谢地！［内大风吼介］［生抱颈介］哎，紧巴着这颈子，可吹不去呢。［风吼，哭介］吹去颈子怎好？靠着石亭子倒了去也。［倒介］［扮众鬼上］［各色随意舞弄介］［末扮天曹上］众鬼不得无礼！呀，此人有血腥气。［看介］原来颏下刀伤，将我一股髭须，替他塞了刀口。［鬼替捋须塞口，诨介］［天曹］卢生，听吾分付：二十年丞相府，一千日鬼门关。［下生醒介］哎哟，好不多的鬼也！分明一人将髭须塞了颏下刀口，又报我二十年丞相府，一千日鬼门关。呀，真个长下胡子了。

---

[1] 卷十九，乾隆十六年翟氏无不宜斋刻本。

[2] ［明］戴璟《（嘉靖）广东通志初稿》卷三十九，广州：广东省方志办2003年，第630页。

[3] ［清］阮元《（道光）广东通志》卷三百三十三。上海：商务印书馆1934年，第5703页。

[4] ［清］阮元《（道光）广东通志》卷一百十二：“石澜港，一名木澜港，在县北一百四十里乱石障海中，有三门甚险峻。”又曰：“北岭出海洋中，开三门，舟过最险，俗呼鬼门关。”上海：商务印书馆1934年，第2153页。

[扮二樵夫，黑脸、蓬头、绳杠，打歌上]打柴打柴打打子柴，万鬼堂前一树槐。[生惊介]又两个鬼来了。[樵]是黑鬼。[生]一发吓煞我也！[樵]我们是这崖州蛮户，生来骨髓都黑，因此州里人都叫做黑鬼。我是砍柴的。[生]原来这等。你这里白日有鬼？[樵]你不看亭子大金字？[生看，念介]呀！卢生到了鬼门关，眼见无活的也。[樵]你是何等人，自来送死？[生]我是大唐功臣，流配来此。[樵]州里多见人说：有大官宦赶来，不许他官房住坐，连民房也不许借他。[生]好苦！[樵]可怜，可怜，我硐房住去。[生]怎生叫做硐房？[樵]你是不知，这鬼门关大小鬼约有四万八千，但是飓风起时，白日里出跳。则是鬼矮的离地三寸，高的不上一丈，下面住鬼打搅得荒，我们山崖树杪架些排栏，夜间护着个四德狗子睡。[生]怎生叫四德狗子？[樵]他一德咬贼，二德咬野兽，三德咬老鼠，四德咬鬼。[生]罢了，罢了，没奈何护着狗子睡了。则我被伤之人，硐上不去。[樵]绳子抬吧。[抬介][1]

这鬼门关究是何地，俱是虚写。所谓硐房，原是彝藏一带的石砌民居，绝非如有的学者所言的海南干栏式木构建筑。即检广东通志及雷琼方志，也绝无硐房之说；说黎人尤其是生黎，巢居峒处，则所在多是。如《（乾隆）琼州府志》曰：“琼郡枕山藉海，多海溢飓风之虞，故公私宫室，不得为高敞。然规制与内地略同，远僻州县，多用茆茨，即公署间有茅屋。民居近海者，与蜑人杂处，常苦风飘水汩；附黎者与黎人杂居，不免巢居峒处。”[2]

---

[1] [明]汤显祖《牡丹亭》，徐朔方《汤显祖集全编》戏曲卷三，上海：上海古籍出版社2015年，第3057页。

[2] [清]萧应植修、陈景埙纂《（乾隆）琼州府志》卷一，清乾隆刻本。

对剧中的黑鬼，一些学者认为是黎人，显然不是。首先黎人没有那么黑，从现在我们广大的海南黎族同胞也可以看得出来。其次，黎人是海南的主体，而剧中的黑人，显然是少数族裔。主黎人者往往举《阳江避热入海，至涠洲，夜看珠池作，寄郭廉州》诗为例，认为诗句“乌艚藏黑鬼，竹节向龙王”[1]所写即为黎人，更非。如系黎人，何必要藏？此“黑鬼”当唐代以来即闻名的昆仑奴之类。对昆仑奴的故事，汤显祖也是熟悉的，他的《续虞初志》卷四有选，并评曰：“剑侠传夥矣，余独喜《虬髯客》《红线》，《昆仑奴》为最。后人拟之不可及。”[2]元明杂剧中，即有不少以昆仑奴为题材，他的好友梅鼎祚即作有《昆仑奴》杂剧。昆仑奴主要经岭南而入，又以岭南使用为多[3]，宜其为汤显祖所特别关注。如果我们再从乌艚船这个角度考察，应该更容易理解。

乌艚是广东制造的一种著名的战船。《（道光）广东通志》“战船”条说：

> 广之蒙冲战舰，胜于闽艚。桅上有大小望斗、云棚。望斗者，古所谓爵室也，居中候望，若乌雀之警示也。云棚者，古所谓飞庐也。望斗深广各数尺，中容三四人，网以藤，包以牛革，衣以绛色布帛，旁开一门出入。每战，则班首立其中。班首者，一舟之性命所系，能倒上船桅，于望斗中以镖箭四面击射势便；或衔刀挟盾，飞越敌舰，斩其帆樯；或同蜑人没水凿船，而乘间腾跃，上船杀敌；或抱敌人入水淹溺之。其便多此类。舰旁有芘篱，夹

[1] 徐朔方《汤显祖集全编》诗文卷一一，上海：上海古籍出版社2015年，第677页。
[2] 徐朔方《汤显祖集全编》诗文卷五一，上海：上海古籍出版社2015年，第2181页。
[3] 参见蔡鸿生《唐宋佛书中的昆仑奴》，载《仰望陈寅恪》，北京：中华书局2004年，第150—164页；《岭南昆仑奴遗事》，《学术研究》2014年第4期，第91—94页。

以松板，编以藤，蒙以犀兕，绵被左右，架大炮及火砖、灰礶、烟球之属。尾梢作，又竿连棒，又有箐竹楼橹以隐蔽，又或周身皆礟，旋转回环，首尾相为运用，其捷莫当。此戈船之最精者也。其飘洋者曰白艚、乌艚，合铁力大木为之，形如槽然，故曰艚。首尾又状海鳅，白者有两黑眼，乌者有两白眼。海鳅远见，以为同类，不吞噬。其载人与货物者曰艘，制亦如斗舰，上施兵器及炮火、飞石、灰罂、旁布[1]。

又曰：

江西袁、临、吉三郡原食广盐，盖自正统年间已为定规，故盐利日通，民生有赖，地方且有宁宇。嘉靖年间，分宜严用事，不由复议，径夺袁临二郡以惠淮商，厥后盐渐不行，乌艚等船亦因以废致，海贼许朝光、曾一本、林凤、林道乾相继为乱，岭海骚动二十余年[2]。

此则及于汤显祖的故事，且去时不远，亦宜为汤显祖所关注。然而，这种大型的军舰里，为什么会藏有“黑鬼”呢？这得从昆仑奴的特别能耐说起。北宋朱彧的说法可为代表，那可是他崇宁年间（1102—1106年）随父朱服游宦广州（任安抚使兼市舶使）的亲身见闻：

[1] ［清］阮元《（道光）广东通志》卷一百二十四，上海：商务印书馆1934年，第2435页。
[2] ［清］阮元《（道光）广东通志》卷一百六十五，上海：商务印书馆1934年，第3002页。

> 广中富人，多畜鬼奴，绝有力，可负数百斤。言语嗜欲不通，姓淳不逃徙，亦谓之野人。色黑如墨，唇红齿白，发卷而黄，有牝牡，生海外诸山中。食生物，采得时与火食饲之，累日洞泄，谓之“换肠”。缘此或病危，若不死，即可蓄。久蓄能晓人言，而自不能言。有一种近海野人，入水眼不眨，谓之“昆仑奴”[1]。

由此可见，鬼奴或昆仑奴的突出能力，即绝有力和能潜水，充当前述的班首，恐怕比汉人更合适；其自唐以来，屡屡成为传奇小说中的剑侠，亦以此。事实上，他们也确曾被用于作战，时在北宋皇祐四年（1052 年）四月，广西蛮酋侬智高率部属七千余人围攻广州，“掠得海船昆仑奴，使登楼车以瞰城中，又琢石令圆以为炮，每发辄杀数人，昼夜攻城，五十余日，不克而去[2]”。至明代由于海禁及倭战，则此黑鬼见于战事者更多，聊举万历间近事一二例以为说明。明王士骐《皇明驭倭录》有曰：“《续吴先贤赞》云：‘（李）纨命督将镗、按察柯乔于闽偕出洋中，迹贼至诏安之；灵宫澳合诸军设覆山上，下千舸具进，贼徒兵伏败之。趋船者疾力鏖之，覆溺杀者甚众。擒夷王三人，白番十有六，黑番四十六，皆狞恶异，状可骇。’”[3] 又明诸葛元声《两朝平攘录》曰：“其（按，即日本）国之西南有鬼国，出利铁，而人好斗。倭入寇，多募其人，有白番鬼，黑番鬼即古昆仑奴，面深黑，善斗忘死，倭之辄胜，大率此为前茅。”[4]

再说乌艚这种战舰，也可能被投入民用，比如海盗组织或海上

[1] ［宋］朱彧《萍洲可谈》卷二，北京：中华书局2007年，第135 页。
[2] ［宋］司马光《涑水记闻》卷十三，北京：中华书局2006年，第258页。
[3] 卷五，明万历刻本。
[4] 卷四，明万历刻本。

走私团伙。《东莞县志》曰："邑俗之美，不殊于昔。然屯门放洋乌艚盐贩者，厌饭稻羹鱼之常，而趋珠玑犀象果布之凑，商贾货利，东往柘林，西通山越，而弄官恣掠者有之。"[1] 这些乌艚，蓄"黑鬼"以为"保剽"，也是上佳之选。未审汤显祖所见乌艚，其为军艚，其为民艚，语焉不详。至于剧中的黑鬼，打柴为生，不知为奴为民，均无文献佐证。不过，十年之后，王临亨"虑囚岭南"，还曾亲见这类黑鬼，则其不可视为黎人明矣：

> 番人有一种，名曰黑鬼，遍身如墨，或云死而验其骨亦然。能经旬宿水中，取鱼虾，生啖之以为命。番舶渡海，多以一二黑鬼相从，缓急可用也。有一种丽汉法者，谳于余，状貌奇丑可骇。侍者为余言：此鬼犴狴有年，多食火食，视番舶中初至者皙白多矣。然余谳狱香山，复见一黑鬼，禁已数年，其黑光可鉴，似又以不似火食[2]。

再者，雷廉一带，亦有蛮黎，颇杂黎俗，汤显祖诗歌戏曲中，牵涉黎人者，不可尽归于琼。万历十七年至十九间参藩两广的明代大地理学家王士性就说：

> 廉州中国穷处，其俗有四民：一曰客户，居城郭，解汉音，业商贾；二曰东人，杂处乡村，解闽语，业耕种；三曰俚人，深居远村，不解汉语，惟耕垦为活；四曰蛋户，舟居穴处，仅同水族，亦解汉音，以采海为生。郡少耕稼，所资珠玑。以亥日聚市，黎、

[1] ［民国］陈伯陶《东莞县志》卷八十五，台北：成文出版社有限公司1967年，第3250页。

[2] ［明］王临亨《粤剑篇》卷三《志外夷》，北京：中华书局1987年，第92页。

蛋壮稚以荷叶包饭而往，谓之趁墟[1]。

其于黑鬼，亦有言及，当然更有分别，我们也就更不能混黎人与黑鬼于一了：

> 又番舶有一等人名“昆仑奴”者，俗称黑鬼，满身如漆，止余两眼白耳。其人止认其所衣食之主，即主人之亲友皆不认也。其生死惟主人所命，主人或令自刎其首，彼即刎，不思当与不当刎也。其性带刀好杀，主人出，令其守门，即消水火至死不去，他人稍动其扃则杀之，毋论也。又能善没，以绳系腰，入水取物，买之一头，值五六十金[2]。

总的来说，汤显祖对海南情形实不甚了了，而且其诗中也没有吟咏过海南具体的名胜和特有的风物，难言其去过海南。

[1]［明］王士性《广志绎》卷四，北京：中华书局2006年，第296页。
[2]［明］王士性《广志绎》卷四，北京：中华书局2006年，第293页。

后记

这是一本所谓的“讲情怀”的意外之作。虽然在博士论文出版后记里，回想业师黄天骥先生为我这个后进愚生一字一句改论文而颇添不少白发，慨言说士志于道，学术其一，在今后的岁月里，要以致力学术研究作为抗争尘世之本，但在骨感的现实面前，研究固未稍辍，展现出来的，除了每隔一两年参加一次学术会议，发表一两篇学术论文外，发表和出版的更多的是专栏随笔性质的半学术成果，以其能多赚几个铜板，诚苟且以偷生矣！

今年适逢汤显祖逝世四百周年，汤显祖研究的撰述出版出现了一个小高潮，上海世纪出版集团年初率先推出了《汤显祖集全编》和《汤显祖研究丛刊》七本。天骥师在出版了备受学界好评的《〈西厢记〉创作论》之后，也正在撰写《〈牡丹亭〉创作论》。想着今年有关汤显祖的研讨会会不少，自己虽然也在研究撰述以应参会之需，但绝对没有想到要写一本专著，那毕竟投入太大，“性价比不高”。此时，曾带着一批批文化名人前往故乡徐闻贵生书院拜谒凭吊汤显祖的著名诗人黄礼孩，却在与知名出版人谭庭浩先生合计着要出版一本研究汤显祖的专著以为纪念，而谭庭浩是我的师兄，也是我好几本书的策划人和编辑者。他们俩都是真讲情怀的人，便找到我，希望我也讲一回情怀。为此，礼孩兄和他的一位在佛山工作的乡贤潘联斌先生组织我们前往徐闻实地考察，还提供了部分研究写作经费“以资鼓励”，真是让我无法不讲情怀了。潘联斌是一个老板，他有乡梓情怀，这是美德之光的照亮。而黄礼孩非商人，他的担当是一个诗人的担当，一个从这片土地走出来的文化人的担当。

然而，讲情怀是艰难的。汤显祖研究已经比较深入，要想写一部立得住的专著，真不容易，只好扬长避短，发扬“近身之学”的便利，侧重解决其岭南行实及相关问题。2014年在浙江大学参加汤显祖国际学术研讨会时，我提交的《汤显祖岭南行实考辨——兼论柳梦梅形象的塑造》，便有不少与会学者认为，有许多问题，洵非久居岭南，且有实地考察经历者不能解决。其实这篇论文，我涉入尚浅，循此深入开掘下去，也确有收获。至于价值几何，则有待方家检验评估了。

在写作过程中，文坛和学界老前辈，早年即从董每戡先生研习戏曲、后来又为白先勇先生的青春版《牡丹亭》的推广做出过重要贡献的前广东省文艺批评家协会主席、广东省政府参事黄树森教授，时时勉励指导，获益匪浅，深以为谢。又蒙《戏曲研究》主编王馗教授和《岭南外史》主编黄建华先生厚爱，得以先期发表部分章节，也是应该深深感谢的。

写完初稿后，想到我的同门师妹曾莹对汤显祖素有研究，近来又佳作频出，便想请她抽暇帮忙把把关，如觉尚可，再写一篇序。请她把关是没问题，她肯定会仗义；果然无论在大结构上还是在小细节上，她都指出了好些问题，并提出了切实可行的修改意见；但有个别意见，陈义太高，我是心有余而力不足，或许只有等她自己的著作出来，始能餍读者之心了。但她肯不肯写序，老实说我心里也没有底。她的学问之好，师友间是众口交誉的，水平自然远在我之上，但出手却至慎，论文尚不肯趋时多写几篇，遑论“高调”作序的事。最后，看在我年龄长了一代的分上，禁不住强索，还是很快写来了。序中多有溢美之辞，相信她是第一次“违心”提携“后进”吧。

正在校对书稿的时候，黄仕忠师兄从日本归来，提供了更高要求的修改意见。限于时间和水平，尽管我尽了最大的努力，可能还是无法让他满意，毕竟是长江学者，当然也毕竟是师兄，只好请他多多包涵，也请读者谅解。

今年也是业师黄天骥先生从教六十周年，弟子不才，兼以频年多病，生活苟且，无以为报，聊以致敬，亦深恐有辱师教也。母不嫌儿，师不嫌徒，先生很宽容地说我能坚持学术研究就不错了，在主持整理全明戏曲和撰写《〈牡丹亭〉创作论》的繁重工作的间隙，面对我的题签请求，竟慷慨赐序，且奖掖有加。感激之余，深有愧焉。

2016年6月1日

图书在版编目（CIP）数据

汤显祖的岭南行 ：及其如何影响了《牡丹亭》 / 周松芳著. -- 广州 ：南方日报出版社，2016.7（2016.9 重印）

ISBN 978-7-5491-1410-8

Ⅰ. ①汤… Ⅱ. ①周… Ⅲ. ①汤显祖（1550～1616）—人物研究 Ⅳ. ①K825.6

中国版本图书馆 CIP 数据核字(2016)第 103256 号

TANGXIANZU DE LINGNANXING

汤显祖的岭南行 —— 及其如何影响了《牡丹亭》

著　　者： 周松芳
出版发行： 南方日报出版社
地　　址： 广州市广州大道中 289 号
经　　销： 全国新华书店
印　　刷： 佛山市浩文彩色印刷有限公司
开　　本： 889mm×1194mm　1/32
印　　张： 7.125
字　　数： 140 千字
版　　次： 2016 年 7 月第 1 版
印　　次： 2016 年 9 月第 2 次印刷
定　　价： 28.00 元

投稿热线：（020）87373998-0503　读者热线：（020）87373998-0502

网址：http://www.nanfangdaily.com.cn/press　http://www.southcn.com/ebook